HENRIQUE LAGE

CLÓVIS BULCÃO

HENRIQUE LAGE

O grande empresário brasileiro
que, por amor, criou um parque

1ª edição

EDITORA RECORD
RIO DE JANEIRO • SÃO PAULO

2021

CIP-BRASIL. CATALOGAÇÃO NA PUBLICAÇÃO
SINDICATO NACIONAL DOS EDITORES DE LIVROS, RJ

B951h

Bulcão, Clóvis
  Henrique Lage: o grande empresário brasileiro que, por amor, criou um parque / Clóvis Bulcão. - 1. ed. - Rio de Janeiro : Record, 2021.

  ISBN 978-85-01-11924-7

  1. Lage, Henrique, 1881-1941. 2. Industriais - Brasil - Biografia. 3. Parque Lage (Rio de Janeiro, RJ) - História. I. Título.

21-69417
CDD: 923.31
CDU: 929:67

Meri Gleice Rodrigues de Souza – Bibliotecária – CRB-7/6439

Copyright © Clóvis Bulcão, 2021

Todos os direitos reservados. Proibida a reprodução, armazenamento ou transmissão de partes deste livro, através de quaisquer meios, sem prévia autorização por escrito.

Texto revisado segundo o novo Acordo Ortográfico da Língua Portuguesa.

Direitos exclusivos desta edição reservados pela
EDITORA RECORD LTDA.
Rua Argentina, 171 – Rio de Janeiro, RJ – 20921-380 – Tel.: (21) 2585-2000.

Impresso no Brasil

ISBN 978-85-01-11924-7

Seja um leitor preferencial Record.
Cadastre-se no site www.record.com.br e receba informações sobre nossos lançamentos e nossas promoções.

Atendimento e venda direta ao leitor:
sac@record.com.br

Para Gabriel Jullien

Sumário

Introdução: O empresário e a diva — 9

Os Lage — 14
A nova geração — 24
Henrique Lage — 36
Gabriella Besanzoni — 58
Os anos Vargas — 82
O Parque Lage — 95
Aço, carvão, navios e pouca saúde — 108
A diva empresária e o carioca da gema — 119
O Estado Novo — 134
A Guerra — 154
O fim — 171
A morte de um legado — 182
Último ato — 195
A herança malsinada — 203

Agradecimentos — 209
Referências bibliográficas — 210
Índice onomástico — 216

Introdução

O empresário e a diva

A temperatura no fim de setembro de 1918 estava perfeita para a ambientação de *Sansão e Dalila*, ópera do francês Camille Saint--Saëns. O espetáculo, baseado em uma passagem da Bíblia, tendo como cenário a árida região de Gaza, na Palestina, pedia uma atmosfera mais cálida. Além do mais, o libreto marcado por fortes tintas de sensualidade combinava com o clima. Para o deleite da plateia do Theatro Municipal, na regência da orquestra estaria o maestro Gino Marinuzzi, o preferido do público da capital do Brasil. No papel de Sansão, o tenor Franz, e no de Dalila, a jovem promessa italiana, a mezzo soprano Gabriella Besanzoni.

A noite estava muito concorrida, pois *Sansão e Dalila* já era uma das mais destacadas óperas francesas. Como todos os anos, a temporada musical era aguardada com muita ansiedade e reunia a fina flor da elite. No entanto, logo no primeiro ato, houve uma decepção, pois Franz demonstrava certo desconforto cantando em francês. Foi assim que a jovem Gabriella foi dando mais vivacidade a sua personagem. Projetava a voz sem esforço, conseguia graves profundos e agudos brilhantes. Além disso, o figurino de Dalila, com o colo bem desnudo e uma túnica longa com uma generosa fenda, permitia que a cantora explorasse toda a sua capacidade dramática. Após novo deslize de seu parceiro, Gabriella se encheu de confiança e roubou a cena. Ao fim da primeira parte do espetáculo o público a aplaudiu intensamente.

Quando o segundo ato começou — o dueto de amor entre Sansão e Dalila, tendo como momento maior a ária *Mon coeur s'ouvre à ta voix* ("Meu coração se abre a tua voz") —, Gabriella decidiu fugir do clima romântico da letra e enveredou pelo caminho da sensualidade explícita. Em vez de conquistar Sansão, resolveu exercer seu irresistível poder de sedução sobre a plateia. Ela podia não ser considerada bela — tinha baixa estatura e um corpo curvilíneo —, mas confiava em alguns de seus atributos físicos, especialmente no brilho intenso de seus enormes olhos negros, que arrebatavam os homens e encantavam as mulheres. Em um dos momentos de maior carga dramática, ela fez um movimento suave, falsamente despretensioso, e expôs a perna direita até a coxa. A plateia, que já estava inebriada, suspirou e se encantou ao notar que a charmosa jovem, além de cantar descalça, trazia um reluzente brilhante em um dos dedos dos pés. Até os funcionários mais experientes da coxia do teatro ficaram maravilhados.

Nesse exato momento, em um dos camarotes, Henrique Lage não se conteve, e, mesmo ao lado de sua mãe, Cecilia Braconnot, deixou escapar a frase que sempre dizia nos momentos capitais: "Ai, meu santo!"

Quando começou a bacanal, uma parte dançada do terceiro ato de *Sansão e Dalila*, o público já estava arrebatado pelos encantos de Gabriella Besanzoni. Ao fim do espetáculo, um frisson tomou conta do Municipal. Ela foi ovacionada e retornou várias vezes à boca de cena para receber flores e muitos aplausos. Como já acontecera em prestigiosos palcos de outros países, corações estavam irremediavelmente arrebatados.

Henrique Lage não resistiu e voltou nas noites seguintes para ver todas as apresentações de Gabriella. Em uma delas, após uma apresentação de *Carmen*, de Bizet, a ópera que consagraria a mezzo soprano, ele mandou flores ao camarim da diva, e, por meio de seu motorista, a convidou para jantar. Apesar da recusa, que se estenderia por anos, ele repetiu tanto as flores como os convites, sempre sem sucesso.

A bem-sucedida família Lage estava instalada no Rio de Janeiro desde o início do século XIX, tendo como base ilhas na baía de Guanabara. De origem portuguesa, e com uma passagem pelas Minas Gerais, eram desde então respeitados membros da elite carioca. Ao longo de quase todo o século XIX, se especializaram em atividades navais, faziam pequenos reparos em barcos, possuíam um trapiche para armazenar carga, e depois começaram a vender carvão. A família prosperou e começou uma agressiva aquisição de terras em Niterói, em ilhas na baía de Guanabara e na longínqua borda da lagoa Rodrigo de Freitas, zona sul do Rio de Janeiro.

Foi na geração de Henrique que a família Lage conheceu seu apogeu. Dos cinco filhos de Antônio Lage e de Cecilia Braconnot, ele foi o mais brilhante. Mesmo sendo um amante inveterado do *bel canto*, estudou nos Estados Unidos, e em 1918, depois da morte inesperada dos irmãos e com a ajuda da mãe, passou a cuidar dos negócios milionários da família. Tendo como pilares o carvão, o aço e os navios, Henrique colocou o Brasil em outro patamar nesses três quesitos. Audaz, investiu na questionável indústria carbonífera de Santa Catarina, expandindo a malha ferroviária local e construindo um porto na cidade de Imbituba. No âmbito da indústria naval, transformou a ilha do Vianna, na baía de Guanabara, em um polo industrial de ponta, e construiu o primeiro navio petroleiro da América do Sul. Tudo isso quando o Estado brasileiro só tinha olhos para o setor rural, em especial o café.

A empresa da família, a Companhia Nacional de Navegação Costeira, era considerada em todo o país sinônimo de alta qualidade, pontualidade e eficiência. Seus navios, os famosos Itas, se eternizaram em músicas como "Peguei um Ita no Norte", de Dorival Caymmi, em enredos de escolas de samba do carnaval carioca e na literatura nacional. Apesar de ser do ramo naval, desde a década de 1920, Lage começou a acreditar no avião como meio de transporte do futuro. Pouco antes do início da Segunda Guerra Mundial, organizou uma linha de montagem para produzir aeronaves com tecnologia nacional.

Henrique Lage também se aproximou de visionários oficiais do Exército brasileiro, que entendiam que as nossas forças armadas deveriam ser mais profissionais e bem equipadas. Ajudou de forma decisiva tanto na modernização do ensino militar como na construção da Academia Militar das Agulhas Negras (AMAN). Ainda hoje, na prestigiosa instituição, a chamada do cadete número 1 é respondida com seu nome.

Em 1925, após sete anos de inúmeras e fracassadas tentativas, casou-se enfim com Gabriella Besanzoni, já consagrada internacionalmente e disputada por políticos, empresários, poetas e reis. A união rendeu algumas vantagens ao empresário. Logo após uma apresentação dela no teatro Colón, em Buenos Aires, o mercado argentino se abriu para os navios de Henrique. Foi no décimo ano de casamento que o casal, enfim, inaugurou a Villa Gabriella, atual Parque Lage. O local chegou a ser transformado em uma espécie de conservatório para a formação de músicos brasileiros, mas a casa acabaria ficando célebre pelas feéricas festas.

Quando morreu, em 1941, seus negócios estavam em franca expansão: um alto-forno em atividade, uma bem-sucedida linha de montagem de aviões e o setor do carvão se preparando para abastecer a nascente siderúrgica de Volta Redonda. Deixou em testamento boa parte da herança para a esposa italiana. No entanto, logo na sequência, o Brasil entrou na Segunda Guerra Mundial contra a Itália. Isso serviu de pretexto para que o Estado brasileiro encampasse boa parte do patrimônio de Gabriella Besanzoni e nunca o devolvesse, um imbróglio que ainda hoje se arrasta pelos corredores da Justiça brasileira.

A trajetória de Henrique Lage resgata um pouco da própria história do desenvolvimento econômico do Brasil. Na então capital do país, o Rio de Janeiro, ele construiu um sofisticado complexo industrial, acreditou no potencial turístico da baía de Guanabara e preconizou que ela seria o mais lindo local do mundo para abrigar um aeroporto. Quando foi morar no longínquo bairro da Gávea, até então considerado um subúrbio insalubre, mudou a história dessa parte da zona sul da cidade. A forma autoritária e despótica com que o Estado brasileiro lidou com parte relevante de seu legado, e o questionável comportamento de seus herdeiros, simplesmente fizeram com que sua história se esvaísse ao longo do tempo. Henrique Lage é muito mais do que um parque com um belo jardim e um esplêndido palacete aos pés do Cristo Redentor.

Os Lage

No início do verão de 1837, um barco de bandeira francesa entrou na baía de Guanabara. Seu principal passageiro era o sr. Carlos Luís Napoleão Bonaparte, que estava de passagem a caminho de Nova York, para onde fora mandado exilado pelo rei da França, Luís Filipe de Orléans. Sendo assim, não recebeu autorização do império brasileiro para desembarcar. Mas Aymar Marie Jacques, conde de Gestas, ex-representante do governo francês no Brasil, se solidarizou com o descendente do imperador Napoleão Bonaparte e resolveu agir.

Buscou junto aos amigos alguém que pudesse interceder e permitir o desembarque do sr. Bonaparte. Um dos procurados foi Antônio Martins Lage, que, além de ser um homem muito respeitado, era casado com a francesa Felicité Clarisse, filha do conde de Labourdonnay. Foi assim que se conseguiu uma solução intermediária: o exilado francês pôde desembarcar não na corte propriamente dita, mas na ilha do Moinho, de propriedade de Gestas, lá permanecendo por um curto espaço de tempo antes de seguir viagem. Certo dia, no mesmo ano, Gestas saiu de sua ilha em uma pequena embarcação. Não se sabe exatamente o que aconteceu, mas o conde acabou morrendo afogado.

Pouco tempo depois, a propriedade foi posta à venda e adquirida pelo mesmo Antônio Martins Lage. Ele já era proprietário, desde 1832, de outra ilha próxima, onde mantinha havia oito anos serviços de trapiche, venda de carvão e prestação de serviços navais. Uma das primeiras preocupações do novo proprietário foi reformar a casa que hospedara Carlos Luís Napoleão Bonaparte, que até então era muito modesta. Em breve, tanto Bonaparte como a ilha entrariam para a história: depois de um golpe de Estado, ele passaria a ser conhecido como Napoleão III da França, e a ilha, que passaria a se chamar Vianna, no século seguinte abrigaria o primeiro grande complexo industrial do Brasil.

A trajetória dos Lage sempre esteve intimamente ligada à baía de Guanabara. Um de seus primeiros negócios de muito sucesso foi a organização do transporte de passageiros entre o Rio de Janeiro e a vizinha Niterói. Antônio foi um dos líderes, inicialmente, da Companhia Ferry, que mais tarde se transformou na Companhia Cantareira e Viação Fluminense (CCVF), cuja antiga estação ainda existe parcialmente em Niterói.

Anos mais tarde, com a morte de Antônio Martins Lage, a viúva Felicité Clarisse seguiu firme a trajetória de sucesso de seu marido. O filho do casal, também chamado Antônio, fez um ótimo casamento com Ana Rita de Matos Costa, filha de um próspero e ilustre homem da corte. Desse casamento nasceram oito filhos, sendo que um deles recebeu o mesmo nome do avô e do pai: Antônio.

Os Lage se moviam muito entre eles por conta de seus interesses financeiros. Conforme a família crescia via casamentos, ou diminuía por motivo de morte, as sociedades iam sendo refeitas. Foi assim que surgiu a Viúva Lage, Campos & Cia., em 1850, e depois a Viúva Lage & Filhos, em 1857. Apesar do clima cordato no clã Lage, alguns membros da família sempre tiveram temperamento forte e belicoso, um componente que seria determinante no século seguinte para a debacle familiar.

A primeira a manifestar essa característica foi Clarisse, uma das filhas de Antônio e Ana Rita. Contrariando a família, em 1888 ela se casou com Arthur Índio do Brasil, que, ao contrário dos Lage, era um homem sem posses e aparentemente mulato. O casal foi morar no longínquo bairro de Botafogo, na rua Voluntários da Pátria. Clarisse Índio do Brasil, como ficou conhecida, nunca teve filhos e acabou adotando a filha de seu cozinheiro chinês. Morreu misteriosamente assassinada em 1919.

Em meados do século XIX, Antônio Lage já era um empresário tão bem-sucedido que foi agraciado com a Comenda Imperial das Rosas, oferecida pelo imperador D. Pedro II. Os Lage, já nessa época, acumulavam um vasto patrimônio imobiliário: ilhas e terrenos tanto em Niterói, no atual bairro do Ingá, como no Rio de Janeiro, no atual bairro do Jardim Botânico. Foram esses bens que, ao longo da trajetória empresarial da família, permitiram que eles se salvassem do pior, pois seus empreendimentos sofreram muitos altos e alguns baixos duríssimos.

Em 1861, por exemplo, a saúde financeira da Viúva Lage & Filhos era a pior possível. Antônio Lage pediu concordata e a empresa levou bons quatro anos para se recuperar. Com a situação financeira estabilizada, em 1865, foi aberta uma nova empresa, a Antônio Martins Lage & Filhos.

A Guerra do Paraguai

O Brasil foi surpreendido, em 1864, com a invasão pelo exército do ditador paraguaio Solano Lopes. As tropas inimigas ocuparam parte da fronteira com o Mato Grosso, e, na sequência, algumas regiões do Rio Grande do Sul. O conflito pegara as forças armadas do império totalmente despreparadas e, em meados do século XIX, a guerra teria que ser enfrentada com o auxílio das novas tecnologias. Uma delas era a substituição dos barcos a vela pelos pesados navios com couraças blindadas e movidos a carvão. Além do mais, os barcos de guerra do Brasil teriam que subir os rios da bacia do rio da Prata navegando contra a corrente, ou seja, consumindo muita energia.

A expressão "navio a vapor" já circulava entre os homens da Marinha brasileira desde 1830. No entanto, havia enorme preconceito entre os oficiais sobre a eficácia da utilização de carvão, o primeiro combustível da era industrial, uma discussão que fora comum às forças navais em praticamente todo o mundo. Além disso, havia certa má vontade com a presença de algo tão sujo como o carvão perto de uniformes tão brancos. Para alguns historiadores militares, como João do Prado Maia, a aceitação da era do navio a vapor pelos oficiais brasileiros só aconteceu após a passagem do *Tonelero*, em 1851, quando quatro vapores brasileiros forçaram com sucesso o passo contra uma fortificação argentina no rio Paraná, durante a Guerra do Prata.

Mesmo assim, quando o conflito contra o Paraguai começou, o Brasil contava com apenas 45 navios armados, sendo 33 mistos, usando vela e vapor, e uma dúzia ao sabor do vento. Além do mais, a construção de barcos no país era absurdamente ineficiente. A corveta *Niterói*, por exemplo, fora lançada ao mar em 1863, após seis anos de construção no Arsenal da Marinha. Era um simples barco de propulsão mista.

A Guerra de Secessão nos Estados Unidos (1861-1865) mostrara a importância da utilização de barcos com couraças espessas de aço e o uso de hélices propulsoras. A artilharia também passou por uma enorme evolução com o uso de canhões raiados e giratórios carregados com projéteis cilíndricos.

O equipamento de material flutuante era quase todo adquirido fora do Brasil, e então se levantou uma questão estratégica sobre o futuro da construção naval, pois a guerra abrira um horizonte de novas oportunidades. Assim, os negócios da família Lage começaram a estreitar laços com os meios militares.

A constituição dessa máquina de guerra também foi benéfica aos Lage em outro negócio. Quanto mais se apostava em navios a vapor, mais carvão eles vendiam. No século XIX, o mineral comercializado no país ainda era todo importado da Inglaterra. Era chamado de Cardiff, produto barato e de alta qualidade. Ninguém acreditava muito na produção nacional de Santa Catarina, por conta da difícil extração do material, do transporte rudimentar e da qualidade duvidosa. Mesmo assim, os Lage resolveram entrar para o negócio apostando no futuro. Muitos anos mais tarde, em 1886, se associaram ao visconde de Barbacena, que amargava prejuízos milionários explorando carvão catarinense. Um ano mais tarde, a família Lage comprava a parte do sócio. Era apenas uma aposta no futuro.

Tonico Lage

Na segunda metade do século XIX, a família Lage já tinha como seu quartel-general a ilha do Vianna, localizada perto do litoral de Niterói, e vizinha da atual base naval de Mocanguê. Apesar de ricos e bem-sucedidos, não tinham a mesma projeção social que seus pares, que habitavam as belas propriedades dos bairros nobres da corte, e viviam da forma mais discreta possível.

Dos filhos de Antônio Lage, o que lhe herdara o tino comercial foi Antônio Martins Lage Filho, o Tonico. Pai e filho se tornaram sócios em 1873, na Antônio Lage & Filho. A nova empresa, além de marcar a entrada de uma nova geração no comando dos negócios da família, seguia com as tradicionais atividades de comercialização de carvão, trapiche e, uma novidade, reboque.

Pouco anos depois, Tonico casou-se com Cecília Braconnot, filha de um oficial da Armada Imperial, uma belíssima adolescente de apenas 16 anos. De personalidade marcante, a jovem esposa de Tonico foi a grande responsável por introduzir o viés artístico entre os Lage. Dona de uma voz de soprano privilegiada, Cecília era cantora lírica amadora, tendo se apresentado diversas vezes em teatros da corte. Seus concertos eram muito concorridos e reuniam a fina flor da sociedade: diplomatas, ministros, a alta magistratura e, em muitas ocasiões, o casal imperial. Aos 20 anos, Cecília já era mãe de quatro filhos e desenvolveu uma fobia: não queria envelhecer. Segundo o relato de sua bisneta, a ex-atriz Eliane Lage, passou dez anos trancafiada em sua casa na ilha para esconder as rugas.

Em 1882, Tonico Lage se separou do pai, que mais uma vez estava com problemas financeiros. Surgia então a Lage & Irmãos. Dessa vez com uma novidade: a empresa dissidente, além da comercialização, passaria a explorar o minério de Santa Catarina.

As dificuldades eram já conhecidas, pois faltava a infraestrutura básica ao setor. Outro ponto que contava contra era a qualidade do produto, que sabidamente era de baixo poder calorífico. Contudo, talvez o maior impedimento tenha sido a inexistência de leis que dessem segurança para se investir no carvão catarinense.

Mesmo sendo um investimento de risco, Tonico tinha convicção de que o Brasil, em algum momento, teria que ver o produto nacional com outros olhos, apesar dos enormes desafios. O primeiro, e de resolução bem custosa, era o transporte, ou seja, como trazer o mineral das minas localizadas no interior até o litoral. Sem instalações portuárias no litoral sul de Santa Catarina, o embarque era inviável. Também seria preciso vencer o preconceito em relação ao produto brasileiro, que era vítima de chacota por ser transportado em lombo de burro.

Em 1890, já existia uma ligação ferroviária entre a cidade de Laguna e a localidade de Imbituba, mas se encontrava praticamente paralisada. Construída para transportar o minério, era insustentável, por conta da irrisória produção de carvão. Portanto, Tonico tinha consciência de que era necessário resolver problemas como esse. Mais do que o desafio técnico, era a resolução da questão no campo político e a criação de um conjunto de leis favoráveis para enfrentar o poderoso concorrente inglês.

Sob esse aspecto, a chegada dos republicanos ao poder, em 1889, foi extremamente benéfica. O novo regime criou toda uma legislação que incentivou a formação de sociedades anônimas, e por tabela favoreceu o surgimento de empresas que demandavam um capital maior para a sua instalação.

Esse novo quadro jurídico foi benéfico aos negócios dos Lage em Santa Catarina, sem contar que os republicanos insuflaram uma onda nacionalista favorecendo ainda mais os planos de Tonico. No segundo ano do mandato de Prudente de Morais, em 1895, foi concedido um incentivo fiscal para a importação de equipamentos e máquinas para a extração do carvão.

A Costeira de Navegação

Foi nessa onda positiva que Tonico criou a empresa que mais tarde seria o grande símbolo dos Lage, a Companhia Nacional de Navegação Costeira. Em um tempo em que o Brasil era apenas interligado pela navegação de cabotagem — barcos que singravam o enorme litoral brasileiro movimentando mercadorias e passageiros — apostar no único meio de transporte que estava presente do Amazonas ao Rio Grande do Sul era uma barbada. Mesmo porque a legislação dava aos empresários nacionais a exclusividade do setor.

A Costeira, como acabou ficando nacionalmente conhecida, nasceu de uma associação de grandes empreendedores, como os Buarque de Macedo, os Guinle e os Gaffrée, e, claro, com os Lage no comando. A empresa visava interligar inicialmente os portos desde o Rio de Janeiro até o rio da Prata. Mesmo tendo como concorrente o Lloyd Brasileiro, a Costeira rapidamente se afirmou como a melhor companhia de navegação do Brasil.

A primeira viagem da nova empresa aconteceu no início de fevereiro de 1891, um sábado chuvoso. O navio *Itapeva* saiu do trapiche Silvino, região portuária do Rio de Janeiro, em direção ao Sul do país, com paradas previstas nos portos de Paranaguá e Antonina, no Paraná, Desterro (atual Florianópolis), Rio Grande, Pelotas e Porto Alegre, no Rio Grande do Sul. Na proa, a embarcação ostentava o pavilhão da Companhia Nacional de Navegação Costeira, a cruz de malta azul.

A Costeira teve um crescimento fulminante, pois na sequência foram adquiridos os novos navios *Itabira*, *Itatiaya* e *Itaúna*, e aos poucos, outros Itas foram sendo incorporados. No ano seguinte à fundação da empresa, os barcos da Costeira chegaram aos mares nordestinos. Em sua expressiva expansão, os portos de Imbetiba (Macaé), Vitória, Salvador, Aracaju, Maceió e Recife passaram a ser servidos pelos Itas. A opção pela escolha do prefixo "ita" era uma espécie de "auto-homenagem" — se a família era dura como uma laje, os barcos eram sólidos como uma *ita* (pedra, em tupi-guarani).

O crescimento dos negócios de Tonico Lage parecia não ter fim, até que em 1893 eclodiu a segunda Revolta da Armada. Alguns oficiais da Marinha, descontentes com o autoritário governo de Floriano Peixoto, se rebelaram, e um dos palcos mais violentos do movimento aconteceu bem perto da ilha do Vianna, na Ponta da Armação, em Niterói.

Pela natureza de seus negócios, a família Lage se manteve fiel ao governo — uma posição que lhe custou caro, pois a Costeira foi duramente atingida. Além da perda de um do Itas, o *Itaoca* foi incendiado em Porto Alegre, o *Itaipu* foi apropriado pelas forças legalistas, só sendo devolvido um ano mais tarde. A revolta também paralisou o resto da frota. Até 1894, a Costeira ficou com seus navios aportados. Nem a ilha do Vianna escapou, pois fora destroçada pelos bombardeios. Segundo a imprensa carioca, "tornou-se desolador o aspecto da florescente ilha". Ao longo de um ano inteiro, as instalações da ilha tiveram que ser refeitas.

Vivendo momentos de maior e menor fartura, em 1902, Tonico deu outro passo importante ao adquirir a ilha de Santa Cruz, uma propriedade quase que contígua à ilha do Vianna. A nova propriedade serviria como local de moradia da família, já que a outra ilha seguia em franca expansão industrial. Logo uma pequena ponte foi construída, ligando as duas ilhas. Longe dos olhos de todos, Tonico construiu um verdadeiro complexo industrial. O jornal *A Notícia*, de 31 de outubro de 1901, assim descreveu a principal obra dos Lage:

[...] é infinitamente pequeno o número de pessoas que no Rio de Janeiro conhecem o estabelecimento do sr. Lage [...] trata-se, entretanto, de instalações que fariam honrar qualquer cidade das mais civilizadas [...]
[...] a impressão de espanto, por termos aqui, tão perto de nós, a dois passos do litoral, um dique, uma oficina, um núcleo de trabalho como poderia se encontrar maior, mas não se encontraria melhor, nos mais modernos centros navais [...]

Ainda segundo o mesmo periódico, as instalações do complexo, Vianna e Santa Cruz, eram formadas por residências operárias de asseio holandês e conforto britânico, com produção própria de energia elétrica, abastecimento de água, sistema de esgoto e ensino para os operários. Boa parte das hortaliças, verduras, frangos e ovos de seus barcos era produzida por lá mesmo.

Influenciado pela esposa Cecília, que fora morar na Europa, Tonico criara uma filarmônica. Mantinha também centenas de jovens, que eram educados e depois se dedicavam às artes e ofícios, conforme a aptidão de cada um. O jornal *A Notícia*, de 2 de novembro de 1901, informou que Tonico Lage, em todos os seus negócios, mantinha empregado o inacreditável contingente de 27 mil funcionários.

Na descrição de sua bisneta, Eliane Lage, a ilha do Vianna era um imenso estaleiro equipado para suprir toda as necessidades dos Itas. Era um centro industrial asfaltado e barulhento, com caminhões, armazéns e guindastes. Apesar de muito próxima, Santa Cruz era o oposto. Havia uma praia com casas pré-fabricadas, trazidas da Inglaterra para os comandantes dos navios da Costeira. Era a praia dos ingleses, pois a empresa só contratava oficiais britânicos para o comando dos seus navios. Lá Tonico, que também era poeta, vivia cercado por pássaros, e plantou um pomar com frutas de todas as regiões do Brasil. Do lado oposto ao setor industrial, tendo a serra do Mar como moldura, foram construídas as casas dos Lage, além de quadra de tênis, horta, estábulo e currais.

Tonico impusera um ritual que se consagrou ao longo do tempo: os pilotos só podiam ser contratados no País de Gales; os demais empregados vinham dos Açores — medidas estas que contrariavam as leis trabalhistas brasileiras. Outra mania do patriarca: na ilha só podia rodar um velho modelo da Ford. Além disso, havia uma rotina diária: sua família recebia bem cedo pão, leite e verduras de produção local.

Apesar de tudo, os negócios do Lage foram construídos dependendo, de muitas formas, do Estado brasileiro. A gigantesca estrutura da Costeira era dependente de subsídios, e os modernos estaleiros só sobreviviam graças aos reparos dos navios estatais. E em Santa Catarina o carvão, talvez a atividade econômica mais frágil, era totalmente refém das ações do poder público.

Tonico e Cecília tiveram no total cinco filhos, todos homens (Antônio, Jorge, Frederico, Renaud e Henrique), que passavam as férias na França, onde morava a mãe. Eram todos loiros e belos. Foram educados fora do Brasil, e Jorge chegou a cursar engenharia no badalado Massachusetts Institute of Technology (MIT). Renaud se formou em engenharia naval e duas fontes afirmam que Henrique estudou canto lírico na Itália. A esposa Gabriella revelou, em entrevista ao jornal *O Globo*, que ele, quando muito jovem, abandonou o Rio de Janeiro para ir aprender o *bel canto* na Itália, e que teria estudado por muitos anos e até se apresentado em público. A família, insatisfeita, teria interrompido sua carreira de cantor de ópera.

O mundo dos Lage, contudo, sofreu um abalo inesperado. Na madrugada de 8 de agosto de 1913, em sua residência, na ilha do Vianna, Tonico Lage morreu de forma repentina. Seu falecimento causou pesar nos meios empresariais e na alta sociedade da capital. A partir dali, seu legado seria tocado pelos filhos. Não era uma herança consolidada: o carvão ainda estava longe de ser um negócio estável, e a Costeira, uma concessão, apesar de toda a eficiência, dependia da boa relação com o poder público.

A nova geração

Ao fim de 1918, os jornais brasileiros deram enorme ênfase ao fim da Primeira Guerra Mundial. Aos poucos, informavam sobre as consecutivas derrotas dos impérios centrais. Em setembro caíra a Bulgária, e, no mês seguinte, como um castelo de cartas, caíam a Itália e os impérios austro-húngaro e otomano. Talvez por isso a imprensa brasileira tenha negligenciado a virulência de outro evento devastador: a gripe espanhola.

Tão negligente quanto os jornais foi a Diretoria-Geral de Saúde Pública (DGSP) do governo federal, que se recusou a decretar, por meio de lei, a quarentena para todos os passageiros que chegavam de outros países. Com as portas escancaradas, no início de setembro de 1918, o transatlântico *Demerara*, vindo de Liverpool, Inglaterra, com destino à Argentina, e escalas em Recife, Salvador, Rio de Janeiro e Santos, foi espalhando pelo território brasileiro o letal vírus influenza A. Já em sua primeira parada, na capital de Pernambuco, foram desembarcados dois corpos.

No Rio de Janeiro, a capital da República, a *espanhola* fez terra arrasada. Ao longo de três meses seguintes, morreram em média de oitocentas a novecentas pessoas por dia. Em seu rastro mortal, a gripe mudou totalmente a vida na cidade. Poucas pessoas saíam às ruas, o comércio não abria, e quase todas as repartições públicas pararam de dar expediente. O campeonato sul-americano de futebol, que seria realizado pela primeira vez no Brasil, foi adiado para o ano seguinte. Os teatros e cinemas não funcionaram. As aglomerações foram proibidas. Impedidos de frequentar os estabelecimentos de ensino, todos os alunos foram aprovados por decreto.

Até os serviços de saúde colapsaram. Nessa época, o Rio de Janeiro contava com pouquíssimos hospitais, sendo que apenas um, a Santa Casa da Misericórdia, atendia os mais pobres. Sem ter como responder à letalidade da doença, a medicina e os médicos se transformaram em suspeitos de espalharem a moléstia. No Dia de Finados, no início de novembro, o governo federal proibiu a abertura dos cemitérios, pois não queria que a população visse a gigantesca pilha de cadáveres insepultos.

Nenhuma classe social foi poupada. Morreram o famoso ator Olímpio Nogueira, o poeta Olavo Bilac e até o presidente da República Rodrigues Alves. Famílias inteiras sucumbiram dentro de suas casas, sem que contassem com ajuda para providenciar o sepultamento.

Nem os milionários da família Lage escaparam ilesos. Como milhares de brasileiros anônimos, eles não foram poupados pela tragédia. A ilha do Vianna foi uma das primeiras localidades da cidade a registrar óbito.

Os dois filhos de Tonico, Antônio e Jorge, que de fato comandavam os principais negócios dos Lage, tombaram *espanholados* (expressão criada para os contaminados pela gripe). No dia 20 de outubro morria Antônio, e poucas horas mais tarde o irmão, Jorge. Desde a morte do velho Tonico, os dois haviam tomado as rédeas dos empreendimentos principais. Henrique passava mais tempo ocupado com os negócios do carvão em Santa Catarina.

Antônio, Jorge e a Primeira Guerra Mundial

Após a morte de Tonico, a viúva Cecília fora decisiva na escolha de quem ocuparia os postos de comando. Em tese, o cargo pertenceria ao mais velho, Renaud, engenheiro naval de formação. De todos os irmãos, era o que mais tinha um estilo de vida de milionário — frequentava a *jeunesse dorée* carioca e seus amigos eram também jovens endinheirados, gente como os Guinle e os paulistas das famílias Prado e Cunha Bueno.

Contra ele havia um detalhe, que lhe custou muito caro: era extremamente genioso. Existem diversos relatos de como se comportava algumas vezes de forma descortês, e não eram incomuns atos de violência até mesmo contra os irmãos. Thiers Fleming, importante colaborador dos Lage, revelou em um de seus livros que Antônio, conhecido como Tony, e Renaud representavam a Costeira junto ao Ministério da Marinha. O então ministro Alexandrino Alencar não gostava do temperamento de Renaud e preferia tratar com Antônio ou com Henrique. Algumas fontes falam que Renaud era mesmo amalucado. Situações como essa ajudaram Cecília na sua escolha.

Muitos negócios careciam da boa vontade dos gabinetes governamentais: contratos para a extensão ou diminuição das linhas dos Itas, e o recebimento de reparos de barcos estatais. Tony e Jorge eram cultos e sempre tiveram boas relações com homens públicos. Era fundamental manter as boas relações com os governantes, assim como acontecia desde os tempos do comendador Antônio Lage.

Além do mais, Frederico já estava vivendo nos Estados Unidos e, portanto, a escolha ficava entre os outros três. Assim, ficou decidido que Tony e Jorge permaneceriam no comando da Costeira e da ilha do Vianna, e Henrique se dedicaria ao carvão catarinense. Isso não significava que eles fossem os executivos da empresa de navegação, que era uma sociedade anônima e decidia em assembleias quem seriam seus gestores. Ao longo dos anos, os Lage sempre contaram com um restrito grupo de leais colaboradores.

Tonico soubera fazer bem a transição entre as gerações. Desde cedo seus filhos estavam envolvidos com os negócios da família. O jornalista Mario Sette relatou, em sua visita à ilha do Vianna em 1912 (Tonico ainda era vivo), seu encanto com a recepção do jovem Antônio Lage. Ficou surpreso ao ver como era complexo o negócio: máquinas poderosíssimas, caldeiras colossais, instalações de energia elétrica, divisões de carpintaria, lavanderia a vapor, tanques de desinfecção para as roupas pelas tripulações de seus barcos, frigoríficos imensos e um sofisticado sistema de congelamento de leite para os Itas — e tudo era supervisionado pelo velho Tonico.

É importante lembrar que, no ano seguinte à morte de Tonico, em 1914, o mundo e o Brasil passaram por um momento de enorme turbulência com a eclosão da Primeira Guerra Mundial. O novo quadro mundial atingiu as atividades dos Lage em navegação e carvão. Portanto, a condução de uma empresa tão complexa exigia muito de seus novos dirigentes.

Coube ao presidente Venceslau Brás a condução do Brasil no mesmo período em que se desenrolou a guerra, 1914-1918. A princípio, seu governo tentou uma postura de neutralidade, mas uma série de ataques no litoral brasileiro foi empurrando o país ao alinhamento com os Aliados. Entre abril e outubro de 1917, três barcos foram afundados por navios da Alemanha. No mês seguinte, através de decisão do parlamento, o Brasil declarava guerra ao país agressor. A situação expunha os navios da família Lage de forma dramática.

Os problemas não paravam aí. Desde o início do conflito a economia brasileira vivia uma retração; tanto as exportações como as importações caíram a níveis exponenciais. Além disso, o Brasil foi obrigado a negociar sua dívida externa, pois não conseguia mais honrar o pagamento de empréstimos bancários. Logo, ao fim de 1914, o Brasil pactuou novo acordo com a casa bancária dos Rothschild.

Apesar desse quadro complexo, havia o empenho governamental em estimular as atividades industriais aqui. Na teoria, uma boa ideia; na prática, havia obstáculos enormes, pois a economia nacional era paupérrima em infraestrutura: baixa produção de energia elétrica, inexistência de aço, e dependência de combustível importado.

O primeiro grande desafio da Costeira foi lidar com o aumento do preço do carvão, o propulsor de seus navios. A primeira decisão foi utilizar navios mistos, levando carga e passageiros. Outras soluções foram buscadas, como a importação no mercado dos Estados Unidos, e até mesmo a queima de lenha. A cada ano de guerra a crise do carvão se agravava.

A empresa não conseguia mais seguir crescendo da mesma forma. O trecho Recife-Manaus deveria entrar em atividade em 1914, mas a Costeira não teve como honrar o compromisso. Ao mesmo tempo, foram cancelados os serviços nos portos de Angra dos Reis, Paraty, Ubatuba, Caraguatatuba e Vila Bela. Tudo que fora pactuado por contrato com o Estado brasileiro deixou de ser cumprido. A crise obrigou a empresa a pesadas negociações. Além de não conseguir chegar a Manaus, dois Itas encomendados em estaleiros ingleses simplesmente não podiam navegar para o Brasil, pois nem formar uma tripulação era possível — o esforço de guerra britânico convocara todos os homens do mar.

Portanto, só havia uma solução para tantos problemas: negociar. Sem conseguir honrar os contratos com o Estado, os Lage barganharam, oferecendo a cobertura não prevista dos portos de Cabedelo, na Paraíba, e Natal, no Rio Grande do Norte. Já com os ingleses a situação era ainda mais tensa. Eles jogaram pesado na liberação dos barcos da Costeira, e cobraram pelo *Itagiba* e pelo *Itaberá* uma milionária fiança a ser paga ao rei Jorge V. Também impuseram restrições de uso dos dois navios: nunca poderiam comercializar ou ter qualquer tipo de prestação, direta ou indireta, com países inimigos da Inglaterra. Não satisfeitos, exigiram que a tripulação fosse totalmente composta por súditos do rei, o que contrariava a legislação brasileira.

Encurralados por tantas exigências para receber algo por que tinham contratado, os Lage pediram ajuda do governo brasileiro. Apesar dos esforços, só em 1916 o último barco foi entregue. Isso representou um enorme atraso para o estabelecimento da linha que serviria a cidade de Manaus, e mais uma vez a Costeira foi obrigada a renegociar prazos e portos. Para piorar, o governo resolveu impor nova e terrível cláusula de renovação da concessão, com a redução dos fretes de mercadorias em 15%, e quis também tirar da empresa a linha Recife-Manaus.

Todos esses desafios eram enfrentados por Jorge e Tony Lage. Problemas de aquisição de combustível, chantagens do governo inglês, retração econômica, e, por último, e não menos importante, a exigência de redução de seus fretes. Nessa eterna queda de braço com o poder público, ora eles colhiam derrotas, ora vinham algumas vitórias. Uma das mais importantes aconteceu em 1915, ao conseguir a equiparação com o Lloyd Nacional, ganhando isenção de impostos e de direitos aduaneiros.

No mesmo ano, 1915, Venceslau Brás baixou um decreto sob medida para atingir a Costeira. Baseado na suposta vontade dos Lage de vender a empresa para estrangeiros, o presidente passou a considerá-la de utilidade pública, e enquanto durasse a guerra foram desapropriados os navios da Marinha Mercante nacional. A hipotética venda da empresa não parecia passar pela cabeça dos Lage. Segundo Thiers Fleming, Henrique teria dito: "Não comprarão das minhas mãos nada do que for do Brasil."

Já em relação aos seus funcionários, havia uma inequívoca preferência pelos pilotos e maquinistas britânicos, algo que era proibido pela legislação federal. Ainda no ano de 1915, essa questão ganhou as páginas dos jornais, pois enfim um brasileiro conduziria o *Itaituba* em viagem ao sul do país. Coube ao capitão Francelino a honra de ser o primeiro. A viagem ainda estava em seu começo quando a embarcação encalhou no litoral norte de São Paulo. Quem resolveu o problema foi Jorge Lage, que pessoalmente comandou o resgate. O casco do barco quase se rompeu, e assim que o *Itaituba* voltou ao porto do Rio de Janeiro Jorge mandou carta aos jornais negando que a Costeira não empregava brasileiros.

Tendo que enfrentar um dramático quadro recessivo, Jorge Lage, então presidente da Costeira, sugeriu em assembleia que a empresa fizesse uma política de endividamento, e colocava como garantia bancária os ativos da Lage & Irmãos. Foi a solução encontrada para a companhia honrar o pagamento da compra de seus navios. Em 1916, com a melhoria da saúde financeira, a Costeira adquiriu terrenos na região portuária da avenida Venezuela para alojar seus escritórios e dar mais eficiência ao depósito de material.

Vale dizer que a exigência de um novo prédio era importante, pois o Rio de Janeiro acabara de construir seu porto. No bojo do processo das reformas do prefeito Pereira Passos, uma das novidades financiadas pelo governo federal foi a modernização das instalações portuárias, pois até então todo o sistema era um emaranhado. Segundo a historiadora Maria Cecília Velasco e Cruz, "um enorme complexo de fronteiras fluidas, espacialmente disperso, institucionalmente desintegrado e formado por um grande número de unidades privadas e estatais independentes e relativamente diversas entre si [...]".

A Capital estava em pleno processo de modernização e o novo porto foi concebido, levando em conta a proximidade com os trens da Central do Brasil. Assim, foi feita a opção pelas regiões da Saúde, da Gamboa e do Santo Cristo. Com a contração de empréstimos, um grande aterro permitiu o surgimento da avenida do Cais (depois batizada de Rodrigues Alves) e dezessete grandes armazéns, servidos por guindastes elétricos e trilhos para o serviço ferroviário. Essas obras começaram durante a administração de Pereira Passos, entre 1902 e 1906, e foram concluídas em 1911.

O novo prédio da Costeira, grudado nas novas instalações portuárias, foi fundamental para garantir uma das marcas da alta qualidade dos Itas, a pontualidade, característica que ficou conhecida em todo Brasil. Existem relatos confiáveis de que havia uma máxima no porto carioca. "São nove horas, lá vai o Lage!" Esse era o grito que confirmava a eficiência da Costeira.

Com o agravamento da penúria causada pela Primeira Guerra Mundial em 1917, o governo federal fez nova intervenção drástica. Requisitou quatro Itas e os armazéns da empresa, e os colocou sob o comando do Lloyd Brasileiro, com gestão governamental. Além disso, anulou contratos e tirou todas as subvenções da Costeira. Em contrapartida, nomeou Tony como representante de sua empresa junto ao Lloyd.

Um relato anônimo bastante revelador, publicado pelo jornal *A Época*, em dezembro de 1917, afirmava que existia um hiato administrativo entre as duas empresas:

> Antigamente essa casa [o Lloyd] tinha regulamento no serviço do tráfego, que era um gosto. Era só chegar e dizer ao sr. Gastão o que era preciso fazer, e era o mesmo que já está feito. E hoje não é a mesma coisa, perguntamos bastante intrigados: "Qual o quê esses malditos Lage vieram anarquizar todo o nosso serviço e toda [a] disciplina dessa casa. Quando se trata dos navios que foram daqueles malditos, lá vem o sr. Jorge Lage a embaraçar não só o serviço como também a dar ordens absurdas [...] Avalie o senhor que é tal o terrorismo que ainda inspira a presença do tal Jorge [...] os Lage, todos, arrufados, a dizer que aquilo é mesmo a casa da mãe Joana."

Aparentemente, Renaud não era o único filho de Tonico de temperamento explosivo. No mesmo ano, 1917, segundo o jornal *O Paiz*, um funcionário da ilha do Vianna procurou a polícia marítima dizendo que fora agredido "a Box pelo sr. Jorge Lage". Pouco depois, surgiram novas denúncias. Os operários José de Barros e Avelino de Medeiros acusaram Jorge de agir de má-fé.

Segundo o historiador Carlos Alberto C. Ribeiro, a união entre a eficiente Costeira e o Lloyd não prosperou. No mesmo ano da fusão das duas empresas, elas foram separadas. O imbróglio causara prejuízos aos Lage, e eles apresentaram uma conta de 1.402 contos de réis ao governo. Não eram as únicas perdas, pois a subvenção que antes era paga não foi retomada. O Lloyd ainda mandou uma conta de 913 contos de réis pelo reparo de um dos Itas, quantia que, segundo os Lage, representava o valor de um navio novo.

No último ano de guerra, os irmãos Lage deram uma amostra de como já gozavam de reputação internacional. Como represália aos alemães que embargaram, segundo o maior especialista sobre os Lage, conta Ribeiro, "os estoques da valorização de 1906 do café brasileiro", foram confiscados no litoral brasileiro 45 navios de bandeiras da Alemanha e de sua aliada, a Áustria. Na virada de 1917 para 1918, o governo brasileiro pactuou com os franceses o reparo de trinta dessas embarcações. O convênio previa a utilização desses barcos e sua posterior devolução. Em troca, a França compraria 2 milhões de sacas de café e outras mercadorias. Quando a imprensa nacional soube que elas seriam comercializadas pelos Lage, recebendo uma comissão de 5%, a grita foi geral. Não era a única vantagem; eles foram contratados para reparar alguns desses navios em suas instalações na ilha do Vianna.

Outra demonstração de prestígio internacional aconteceu na sequência. Contra todas as expectativas conseguiram importar dos Estados Unidos, segundo o jornal *ABC* de 29 de novembro de 1919, "400 mil toneladas de carvão, quantidade considerável que por si mesma demonstra, numa época em que os EUA fazem as maiores restrições quanto à saída desse gênero, o alto conceito em que é tida a firma que obteve autorização".

O ano de 1918 também foi marcado pelas repercussões da revolução socialista na Rússia. Em muitos países do mundo explodiram greves, e o conflito de classes ficou bem aguçado. Não foi diferente na ilha do Vianna. Seu pulsante parque industrial empregava alguns milhares de trabalhadores. Nem sempre as relações eram cordiais. Em meados de 1918, os trabalhadores dos Lage entraram em greve. Um grupo de carvoeiros foi até a redação do jornal *O Paiz*. Revelaram que quinhentos operários cruzaram os braços e reclamavam das jornadas de trabalho, e da obrigação de estender o serviço até às 20h sem nenhuma remuneração extra. Lutavam por uma jornada das 6h às 18h com meia hora de almoço e uma hora de jantar, hora extra e dia fixo de pagamento.

Cinco dias mais tarde, a greve deixou de ser pacífica. A organização Sociedade de Resistência dos Trabalhadores em Trapiche e Café subiu o tom com os Lage. Incluíram na pauta de negociações a exclusividade de seus associados na estiva da ilha do Vianna. A situação havia recrudescido, e Jorge entrou em ação. Como acontecia na República Velha, a polícia foi acionada para dar fim ao movimento e um grupo de estivadores foi preso pelas autoridades marítimas. Os Lage se defenderam, se dizendo vítimas de agressões físicas.

O CARVÃO

Enquanto Tony e Jorge lutavam pela Costeira, Henrique estava voltado para o setor carbonífero de Santa Catarina. Um negócio de grande potencial, mas que sofria com a falta total de infraestrutura e muito preconceito. Outro detalhe que inviabilizava o negócio era o carvão inglês, beneficiado pela isenção de impostos. Além disso, já fora motivo de um dissabor familiar, quando em 1908 Tonico e o irmão Américo tiveram um desentendimento na ocasião da primeira remessa do mineral catarinense. Não foram poucas as opiniões debochadas que os Lage escutaram, ao longo de anos, contra o produto brasileiro: não queimava, era sujo de lama, não seria capaz de mover um navio, muito menos uma locomotiva, só servia para fogões domésticos e olhe lá. O panorama só começou a mudar, e assim mesmo de forma muito lenta, quando o Brasil ficou paralisado durante a guerra. Do dia para a noite, o carvão virou uma questão estratégica.

Os desafios eram velhos conhecidos dos Lage: exploração, transporte e embarque. Eles nunca negaram que o carvão nacional era inferior ao importado da Inglaterra, mas com alguns incentivos o país poderia sair da total dependência. Havia duas batalhas, uma no nível federal e outra no estadual. O carvão catarinense ficava distante do litoral e a questão era em que local teria que ser construído um porto.

O território de Santa Catarina tem uma peculiaridade: ao sul da cidade da Laguna ele é retilíneo e não pode receber nenhuma instalação portuária. Logo, teria que ser nessa cidade, ou mais ao norte. Inicialmente, a única certeza de Henrique era que ele deveria comprar a maior quantidade possível de terra na região, velha prática de sua família.

Ir ao interior de Santa Catarina no início do século XX era uma aventura. O desembarque se dava nos trapiches do Desterro (Florianópolis) e o resto da viagem era feito no lombo de mulas. A região mineira localizada nas franjas da serra do rio do Rastro, atual Lauro Müller, era de dificílimo acesso. Desde o século anterior funcionava aos trancos e barrancos uma ineficiente estrada de ferro, a E. F. Teresa Cristina.

Em vista disso, as pressões eram enormes. A falta do mineral não mexia apenas com o cotidiano das grandes empresas, mas também com o dia a dia dos cidadãos. Só em 1915 o governo federal resolveu se mexer e criou uma legislação de estímulo ao setor. Pressionado e alegando "defesa nacional", o presidente Venceslau Brás decretou a liberação da compra do carvão pela Central do Brasil, uma enorme conquista dos Lage; concedeu também algumas isenções tributárias aos portos e navios que comercializassem o produto nacional. Um pouco mais tarde, outra lei abriu novos horizontes, pois o preço do frete foi reduzido. No embalo, o governo estadual isentou o setor e, na sequência, abriu mão de impostos de importação para o maquinário de exploração do carvão. Por último, o similar importado foi taxado em 2%, tirando um pouco de sua força comercial.

Apesar dos esforços, os avanços foram imperceptíveis, tanto que em 1917 o Brasil viveu a crise mais aguda da falta de seu principal combustível. Para mudar o quadro, só com grandes investimentos e algum tempo — fatores que a opinião pública desprezava, ainda que houvesse a exigência de que o problema fosse resolvido imediatamente. O debate sobre a solução da crise jogou os Lage para o centro da discussão. Segundo o historiador Carlos Alberto C. Ribeiro, eles passaram a ser um paradigma para o setor e deveriam ser copiados em suas práticas. Se os brasileiros não tinham um mísero pedaço de carvão, os Lage, de acordo com um elogioso documento governamental, estocavam 10 mil toneladas do questionável produto nacional.

No início de 1918, os ventos eram mais favoráveis, com condições mais propícias à atividade, que começou a atrair capitais. Porém, foi nesse exato momento que a família foi surpreendida pela morte dos irmãos Tony e Jorge, vitimados pela gripe espanhola. Na mesma década, seria a terceira recomposição do comando de seus negócios. Agora, Cecília, Henrique e Renaud teriam que se recompor. Com a ausência de Frederico, e o conhecido temperamento do mais velho, a solução só podia ser uma: Henrique Lage.

Henrique Lage

Quando o engenheiro Augusto Cesar Franco, mineiro de Juiz de Fora, morreu de forma inesperada, deixando, além de duas filhas e um bebê de colo, a viúva Itália América, que estava grávida, resolveu de forma prudente voltar para casa. O marido trocara a vida pacata e tranquila em sua cidade natal por um salário bem mais polpudo na Bahia. Pelas contas de Itália, a criança nasceria entre 20 e 25 dias e, portanto, achou que daria tempo de embarcar no *Itambé*, navio da Costeira, na quinta-feira, 26 de junho de 1930. A viagem até o Rio de Janeiro levaria uma semana, com uma escala de 48 horas em Vitória, no Espírito Santo. Depois a família embarcaria em um trem e, dentro de mais um dia, estaria em casa, em Juiz de Fora, na rua Sampaio, 398.

Para sua satisfação, o médico de bordo do Ita era seu primo Ernesto Castro; assim, embarcou confiante com seus três filhos. Porém, ao fim do segundo dia de viagem, as contrações vieram. Com todo o apoio da tripulação do Ita, ela deu à luz um menino. Assim que segurou o bebe em seus braços, teve sentimentos confusos; como seria seu futuro? Como educar sozinha os quatro filhos? Qual seria o nome da criança? Posteriormente seus pensamentos foram dominados pela possível profissão do recém-nascido: engenheiro, como o pai, advogado ou médico?

Nem em seus devaneios mais otimistas ela poderia imaginar que ali acabara de nascer um predestinado. Ele seria prefeito de Juiz de Fora, senador por Minas Gerais e presidente da República, e que em seu mandato ele mudaria a história econômica do Brasil e faria o país crescer como não acontecia havia muito tempo.

Os pensamentos de Itália América foram interrompidos quando o navio balançou ao sabor de uma onda mais forte. Ela se deu conta de que estava em alto-mar. Em seguida, olhou seu confortável camarote e resolveu de estalo o nome do menino. Como homenagem aos serviços prestados pela tripulação, a primeira parte seria *Ita*, e, como estavam navegando, a segunda seria mar — Itamar! Conforme mandava a legislação, o capitão deveria telegrafar ao porto de partida para que o recém-nascido Itamar Franco, futuro trigésimo terceiro presidente do Brasil e criador do Plano Real, fosse registrado.

Os padrões de alta qualidade dos Itas só foram alcançados no período de gestão de Henrique Lage. Assim que se tornou o grande líder da empresa da família, além de elevar os níveis de sofisticação de seus barcos, Henrique também se revelou um empreendedor incansável, que acreditava cegamente que o Brasil precisava dar um salto de qualidade industrial tendo como base o tripé carvão, siderurgia e navios.

Após a morte dos irmãos Tony e Jorge, era quase que óbvio que o comando fosse parar nas mãos de Henrique. Renaud não parecia reunir condições de administrar e Frederico não morava no país. Mesmo assim, a transição se deu com uma disputa entre Henrique e o irmão encrenqueiro. Existem fortes evidências de que era o filho preferido de sua mãe. Eles faziam aniversário no mesmo dia, 14 de março, e Henrique, segundo o relato do ministro da Marinha, o almirante Alexandrino Alencar, era a cara da mãe. Além disso, os dois eram amantes do *bel canto* e cantores amadores.

Ao contrário dos falecidos irmãos, o nome de Henrique pouco aparecia nos jornais. Seu primeiro registro jornalístico se deu em

1907, e por um evento sem nenhuma relevância empresarial, em um dia em que a baía de Guanabara estava com suas águas agitadas por uma forte ressaca.

O jornal *A Federação* conta que ameaçadores vagalhões destruíam pontes e desmanchavam aterros. Mesmo assim, dois funcionários da empresa Brothers & Comp., sr. Life e sr. Marcher, resolveram nadar na praia do Flamengo, em frente à rua Paissandu. Foram surpreendidos pelas ondas e procuraram socorro em uma boia. Aos poucos, a praia foi ficando cheia, já às 21h. Um caiaque tentou ajudar, mas o remo se partiu com a força das ondas. Estaria tudo perdido se não fosse uma barca do depósito da Lage & Irmãos, com Henrique no comando.

Henrique, que era visto como um homem bonito, bem-falante e *charmeur*, foi casado duas vezes. O primeiro casamento foi nos Estados Unidos, quando lá estudava com o irmão Tony — ou seja, bem longe dos olhos da mãe. Casou-se com a norte-americana Lilian Whitman, mas a união não durou muito tempo e foi anulada em 1909 pelo Tribunal de Massachusetts. O segundo e definitivo matrimônio, com o grande amor de sua vida, Gabriella Besanzoni, só aconteceu após a morte da mãe, em 1925.

Após a morte trágica dos dois irmãos tudo apontou em sua direção. Havia mesmo quem dissesse que, por conta da poderosa personalidade e da inteligência, ele seria o sucessor natural de Tony. Quem conhecia os dois dizia que Tony continuaria a existir na pessoa do irmão. O que seria bem diferente era o momento histórico, pois o pós-guerra trouxe um alento para a economia brasileira, abrindo um amplo espectro no mundo dos negócios.

Pós-guerra

Único país do continente que abandonou a posição de neutralidade e se bandeou para o lado dos Aliados (Inglaterra, França e

Estados Unidos), o Brasil não teve uma participação decisiva na Segunda Guerra Mundial, mas seus efeitos foram bem duros.

A decisão de lutar contra o Reich dava as costas para a frutífera parceria com os alemães, que financiavam o estratégico setor do café e ainda mantinham importantes investimentos nos setores químicos e farmacêuticos.

A tímida participação militar do país no fim da guerra também mostrara quanto o Brasil estava despreparado na área militar e era um país absurdamente atrasado do ponto de vista tecnológico.

Faltando pouco para o fim do conflito, fora criada a Divisão Naval em Operações de Guerra (DNOG), para patrulhar o Atlântico Sul, entre a costa brasileira e a africana. Atuando com apenas oito navios, a Marinha brasileira foi logo atacada pela febre espanhola. Nenhuma outra marinha do mundo foi tão contaminada quanto a nossa — dos 1.527 homens em serviço, 125 (8,2%) morreram.

Com grande esforço, também foram enviados, para ações em terra, oficiais e suboficiais, e um corpo médico com quase cem profissionais. Todo esse empenho ficou limitado a ajudar no combate à pandemia na França.

Também ficou como rescaldo da guerra o recrudescimento das reivindicações trabalhistas. O custo de vida no Brasil durante o conflito mundial disparara. Em 1917, uma greve geral paralisou São Paulo, maior cidade brasileira. Leis como o Código Sanitário, que limitava os horários de trabalho e a proibição da mão de obra infantil de menores de 12 anos, eram ignoradas. Sem contar que, no mesmo ano, o mundo veria o sucesso da revolução comunista na Rússia. Dali por diante, a relação capital e trabalho nunca mais seria a mesma.

De uma forma geral, ao final da guerra, as perspectivas eram positivas. A economia brasileira foi beneficiada em 1918, e o preço do café começou a se recuperar. Na qualidade de signatário do Tratado de Versalhes, e pelo fato de estar ao lado dos vencedores do conflito, o país recebeu uma indenização de guerra, e ainda foram pagos juros pelas sacas de café perdidas pelo afundamento dos nossos barcos. Outro grande trunfo eram os investimentos estatais tanto na área naval como militar, ambas favorecendo os estaleiros da família Lage. Foi nesse quadro que Henrique entrou em cena.

A sucessão dos irmãos mortos não aconteceu de forma pacífica. Além dos problemas de personalidade, havia outro divisor entre Henrique e Renaud. Para o primeiro, era hora de diversificar as atividades do grupo; já o outro irmão defendia a tese de que o mais importante era reforçar as atividades nas tradicionais áreas de atuação familiar, navegação e construção naval.

Outra diferença colossal era a visão de estrutura empresarial. Henrique acreditava em algo que era um paradigma na época, a verticalização tendo como base carvão, aço e navios. No início do século XX, essa forma de organização industrial estava na crista da onda. Muitos importantes empresários viam como estratégico que uma grande empresa controlasse todos os componentes de que necessitava sem depender de fornecedores. O exemplo mais bem-sucedido desse pensamento era o fabricante norte-americano de carros, Henry Ford.

Esses eram os planos que Henrique, com o amplo apoio de sua mãe, tinha para o grupo Lage. Segundo o historiador Carlos Alberto C. Ribeiro, essa prática igualaria suas atividades aos conglomerados Matarazzo e Martinelli, os mais bem-sucedidos do Brasil.

As disputas entre os irmãos começaram imediatamente após a morte de Jorge e Tony. Quem seria o novo presidente da Costeira? Foi então convocada uma assembleia para a conformação da nova diretoria. Renaud se posicionou contra o irmão e indicou dois nomes de acionistas que defendiam suas ideias, ou seja, de que com o fim da guerra haveria um recrudescimento da concorrência e que a Costeira deveria concentrar esforços. Com muita habilidade, Henrique, evitando o confronto fratricida, defendeu a tese de que a empresa deveria ter uma visão mais estratégica das oportunidades que o fim do conflito oferecia.

As ideias de Henrique foram vitoriosas e ele foi eleito diretor-presidente da Costeira. Começava aí sua ascensão vertiginosa. Imediatamente, ele comprou a parte dos herdeiros de Jorge e Tony e se tornou sócio majoritário. Quando em 1923 a matriarca Cecília morreu, seu controle foi ampliado, pois ela fez questão de alijar em testamento os filhos Frederico e Renaud.

O LANÇAMENTO DO *ITAQUATIÁ*

Um bom recorte dos acontecimentos que marcaram essa etapa da história dos Lage foi o lançamento do navio *Itaquatiá*, o maior barco que já havia sido construído no nosso continente, em 1919. A obra era fruto da ação individual de cada um dos irmãos. Tudo começara ainda no período de guerra, em 1915, quando Tony fizera pressão no governo federal para a construção de navios no Brasil. Seus esforços foram coroados com o lançamento do Plano Naval de Venceslau Brás — uma estratégica isenção de impostos para material importado, subsídios para os estaleiros da ilha do Vianna e uma premiação por barco lançado ao mar. O plano foi assinado no início de 1919 e previa a construção, em vinte anos, de quinze embarcações de mais de 80 toneladas.

Não seriam muitos os privilégios ao Lage? Segundo Carlos Alberto C. Ribeiro, é fácil entender o motivo de incentivos aos estaleiros da ilha do Vianna. Eram os únicos no país com capacidade para atender demandas tão robustas. Os concorrentes, Lloyd Brasileiro, Caneco e Comércio e Navegação, não tinham a grandiosidade de suas instalações. Só a família Lage oferecia uma boa infraestrutura, como calado bom, extensão de cais, boas oficinas, aparelhagem regular e técnica excelente.

Segundo um dos principais auxiliares de Henrique, Pedro Brando, parte desse sucesso se devia aos bons contatos dele. O comandante Thiers Fleming era muito amigo do presidente Venceslau Brás, e membro do gabinete militar e funcionário de Lage. Mas não era só isso — eles investiam muito no desenvolvimento de sua ilha, tanto que o engenheiro naval Carlos Pandiá Braconnot, formado na França, fora contratado. Na mesma leva, vieram de Glasgow, na Escócia, vários técnicos. Também foram feitos pesados gastos na dragagem do canal que separa as ilhas do Vianna e de Mocanguê.

Nem tudo eram flores, pois os investimentos eram robustos e as encomendas, vitais. O navio *Itaquatiá*, como já vimos, teve sua construção paralisada por conta do esforço de guerra inglês. Rebocado desde a Grã-Bretanha, sua construção teria de ser finalizada no Rio de Janeiro. Com Henrique já no comando da empresa, em novembro de 1919, o *Itaquatiá* foi lançado ao mar. O evento contou com a presença do presidente da República, do ministro da Marinha, de muitas outras autoridades e da mídia nacional.

O nome mais destacado pelos jornais foi o do engenheiro naval Renaud Lage, apontado como o grande responsável pela obra. O *Itaquatiá* era um navio misto, com porão para diferentes tipos de carga, inclusive câmara frigorífica. Na parte dos passageiros havia sala de concertos, *fumoir* (sala para fumar), onze camarotes de primeira classe e dezoito de segunda.

O barco encheu a imprensa de orgulho. Para o *Jornal do Comércio*, "uma obra secular"; segundo *A Época*, "todas as máquinas têm sido ajustadas e montadas na ilha do Vianna, onde são fabricadas as peças avulsas e sobressalentes"; já *O Jornal* narra que após o lançamento "em volta do seu casco, então, reuniram-se numerosos barcos de todos os tamanhos [...]".

O jornal *A Imprensa*, de Santa Catarina, assim saudou o lançamento do *Itaquatiá*: "Henrique Lage só pode ser comparado ao herói de Vitor Hugo, nos *Trabalhadores do mar*, pôs-se a lutar e venceu, lançando às ondas o *Itaquatiá*, em 29 de novembro. Ali tudo é brasileiro, genuinamente nacional, só se importou o material privilegiado, que em virtude de *brevet* (da lei) não podia ser imitado." Lembra ainda o periódico que em sua viagem inaugural estava a bordo a orquestra do cinema Odeon.

Duas passagens do discurso de Henrique no dia do lançamento resumem bem como era o setor naval. De acordo com ele, era um setor dependente, pois "dependia dos poderes públicos, do governo, do Congresso, o incentivo para que essa indústria crescesse". Mas ao mesmo tempo, ele era voluntarioso, porque "tudo pode ser feito no Brasil".

Mas essa relação condicionada ao setor público não era o único problema; com seus operários, o trato também era difícil, Em julho de 1918, como já vimos, a ilha do Vianna amanheceu em greve. No ano seguinte, pipocaram denúncias de que a Costeira não tratava bem seus 1.200 operários. A empresa se defendeu alegando que a informação não era verdadeira, que fornecia alimentação aos três turnos de trabalho e mantinha um pronto-socorro na ilha e no hospital São João Batista, em Niterói. Afirmou, além disso, que sua câmara frigorífica era maior que a que fornecia carne para a cidade de Petrópolis, pois atendia também aos empregados.

Seus detratores acusavam Henrique de ser violento, desde 1915. O operário Joaquim Silva disse ter sido agredido com socos e pontapés, e que o hospital da Costeira em Niterói estava cheio de vítimas da brutalidade dos Lage. Alfredo de Almeida Machado fez a grave denúncia de que Henrique teria espancado um menor operário de 11 anos. Em maio de 1919, o jornal *A Razão* informou que maquinistas, mestres, motoristas e outros operários, no total de 150 trabalhadores, teriam sido demitidos. No dia seguinte, o mesmo jornal afirmou que a informação não era verdadeira e que Henrique nunca se recusara a escutar e atender seus funcionários.

Assim se davam as relações de trabalho no início do século XX. Na ausência de uma legislação de proteção aos trabalhadores, as contendas eram resolvidas muitas vezes de forma violenta e sempre contra os interesses dos operários. Mesmo entre os empresários, como os Lage, que se preocupavam com a alimentação e a saúde de seus funcionários.

Com toda essa estrutura organizada na ilha do Vianna, Henrique esperava pelas encomendas. Mas no início da presidência de

Epitácio Pessoa, especialmente no fim de 1920, o quadro econômico teve uma significativa piora com a depreciação dos preços do café. Para agravar o quadro, a moeda brasileira perdeu valor e atingiu em cheio os negócios de Henrique, que fazia importações. Igualmente graves foram as paralisações dos gastos públicos. No plano previsto por Venceslau Brás, as contas para a construção naval sairiam do Tesouro Nacional de uma conta chamada "Contas de Carreiras". Esse compromisso fora a motivação para todo o investimento nas instalações da ilha do Vianna. Mas a contrapartida nunca aconteceu. Apesar de tudo nenhum negócio (ou seja, a construção de novos barcos) foi fechado.

A Marinha do Brasil já contava nessa época com seu arsenal, mas preferiu os serviços dos Lage. Segundo João Pedro da Veiga Miranda, ministro civil da Marinha, no período entre 1921 e 1922, durante a presidência de Epitácio Pessoa, "o arsenal [da Marinha] gastava meses em realizar um conserto que a Casa Lage ou os estaleiros Caneco executavam em dias. Os operários, em geral, [eram] homens idosos, doentes. O arsenal ainda não tinha máquinas de ar comprimido. [...] O operariado, já pequeno, falta a miúdo [e] é descontado, perde o dia em que não trabalha, mas lucra no fim da conta, porque nesse dia trabalha na indústria particular onde lhe pagam o dobro".

Não eram os únicos problemas. Henrique reparava barcos da Marinha brasileira, como o *Bahia*, o *São Paulo* e o *Rio Grande do Sul*. Boa parte do material utilizado para esses reparos era importada. Assim, acreditando na lisura do contratante, todo o serviço foi feito com o alto padrão da Costeira. Os barcos da Marinha saíram completamente remodelados: os motores a carvão foram substituídos por modernos propulsores a óleo, todos ganharam uma terceira chaminé, e, apesar do novo peso, se tornaram mais velozes. Contudo, a Marinha resolveu que não precisava pagar, alegando que o dinheiro deveria sair da tal "Conta de Carreiras", prevista para a construção de novas embarcações.

Mesmo com essas gigantescas dificuldades, ele seguia ampliando a Costeira. Em 1922, outra joia batia quilha: o *Itaguassu* era lançado.

O barco de 288 pés e 43 m de largura, teria como potência máxima 10 milhas. Maior vapor até então construído pelos Lage, segundo a imprensa era "o maior navio já construído na América Austral". O evento reuniu na ilha do Vianna a nata da sociedade brasileira. Ao meio-dia começou na Praça Mauá o embarque dos convidados. Um almoço para mil talheres foi servido. Ainda na parte da tarde, a primeira-dama, sra. May Pessoa, repetiu a velha tradição e quebrou uma garrafa de champanhe na proa do navio entre aclamações. No mesmo dia, na mesma solenidade, escorregou para a água o navio-escola *Independência*, um veleiro de 3.500 toneladas também construído na ilha do Vianna.

O lançamento dos dois navios era um feito de grandes proporções para os níveis industriais brasileiros do início do século XX. O Brasil simplesmente não tinha indústria de base. A matéria-prima para a construção naval, o aço, não era produzida no país. Nossa mão de obra era despreparada, pois não havia nem mesmo escola pública para alfabetizar a maioria da população, e o ensino técnico não estava na ordem do dia. Ainda assim, a Costeira driblava as adversidades e produzia de forma consistente. Em 1920, lançou seis chatas de 200 toneladas, e, no seguinte, outra de 300 toneladas. Portanto, a população do Rio de Janeiro, e das cidades servidas pelos navios da Costeira, tinha admiração pelos barcos construídos no Brasil, o *Itaquatiá* e o *Itaguassu*, e os brasileiros sabiam exatamente o que representavam em termos de esforço empresarial.

A expansão da Costeira representava na prática a integração do mercado nacional. Em seus porões, agora refrigerados, havia de tudo. Em Porto Alegre, embarcavam caixas de banha e de queijos, fardos de fumo e sacos de arroz. No porto de Rio Grande entravam charque e arroz. Mais ao norte, em Paranaguá, sacos de trigo. Ainda no Paraná, em Antonina, barricas de louça e vidro. No Cabo Frio, peixe salgado. Nos portos do Nordeste, Cabedelo, Recife, Maceió e Maranhão, fardos de algodão, coco, doces, mangas, milho e camarão. Já do Norte, os Itas traziam cerveja.

Henrique usava o sucesso de seus barcos como chamariz para a criação do setor siderúrgico brasileiro. Em declaração aos jornais, o raciocínio era sempre o mesmo: fazer ferro no Brasil e conseguir o coque siderúrgico com carvão brasileiro. Ele daria nova demonstração de sua capacidade em 1927, quando resolveu encarar um desafio e entrou em uma licitação internacional.

A Argentina fundara, em 1922, a YPF (Yacimentos Petrolíferos Fiscales S.A.), empresa estatal de petróleo. Já no ano seguinte foram encontrados os primeiros poços em regiões distantes nas províncias de Chubut e Santa Cruz, no extremo sul do país. Em pouco tempo, os argentinos triplicaram a produção de petróleo. Foi nesse contexto que lançaram um edital, com especificações técnicas bem rigorosas, para a aquisição de um navio-tanque. O empreendimento deveria seguir o projeto do Bureau Veritas, empresa belga especializada em informações para seguros marítimos, e a obra seria fiscalizada tanto por técnicos belgas como argentinos.

Empresas dos principais países capitalistas avançados se interessaram. Concorrer com armadores ingleses, holandeses e italianos teria sido impensável para muitos empresários, mas Henrique resolveu arriscar. Foi assim que na baía de Guanabara, em 1928, nasceu o primeiro barco petroleiro da América do Sul. Do ponto de vista tecnológico, era um desafio enorme, pois as exigências eram complexas e bem diferentes dos navios mistos de passageiros e carga. O petroleiro era equipado com dez tanques, motor a diesel, bombas elétricas, gerador de energia elétrica e caldeira a vapor para aquecimento do petróleo. O lançamento do barco foi saudado pela imprensa brasileira com largo uso da palavra orgulho.

Itas: uma marca nacional

A alta eficiência, o desenvolvimento tecnológico, a limpeza e a pontualidade — todos esses ingredientes foram fazendo a fama dos barcos da Costeira. Aos poucos, os brasileiros foram chamando carinhosamente a frota de Henrique Lage de Itas. Era sinal de que estavam viajando em uma empresa respeitada pela alta qualidade de seus serviços. No Brasil, nenhuma outra companhia deixou uma marca tão forte na cultura popular como a Costeira, registros que vão de norte a sul do país e em diferentes épocas.

Em 1923, a provinciana família do então obscuro deputado Getúlio Vargas começou sua primeira viagem para a capital do Brasil. Segundo o relato de Alzira Vargas, filha do parlamentar, eles pegaram o trem em São Borja, interior do Rio Grande do Sul. A empresa ferroviária B.G.S. (Brazilian Great Southern) era famosa por seus horários do tipo "sai quando quer e chega quando pode". Quando chegaram a Porto Alegre, ela, dois irmãos e a mãe subiram em um barco. "Quando embarcamos, deram flores a mamãe e a nós um monte de caixas de chocolates e de doces. Era um Ita da Costeira."

Ainda ecoa pela sociedade de Imbituba, em Santa Catarina, a seguinte história. Sempre que um Ita aportava no porto, e caso Henrique se encontrasse na cidade, haveria um rigoroso controle da limpeza do barco. Ele calçava luvas brancas e alisava cadeiras, mesas, balcões e corrimãos. Barcos e trens movidos a carvão largam uma terrível fuligem que sujam os passageiros, mas não nos navios da Costeira.

O jornalista sergipano Joel Silveira se mudou para o Rio de Janeiro em 1937. Embarcou no *Itanagé* e relatou que em cada parada — Salvador, Belmonte, Caravelas, Ilhéus e Vitória — o barco se transformava em ponto de encontro dos moradores locais: "Beber chope no restaurante dos navios da Costeira, o espumoso e geladíssimo chope em seus copos afunilados, maravilha que ainda não existia nos cafés e restaurantes [...]."

A chegada ao Rio também de certa forma ajudava a reforçar a mística dos barcos da Costeira. Segue o relato de Silveira: "Ainda era madrugada, mas, após uma noite de pouco sono, eu já me encontrava vestido com o melhor terno, postado na amurada do convés tentando distinguir na penumbra as primeiras formas do Rio, particularmente aquelas, tão famosas: O Pão de Açúcar, o Corcovado, Copacabana que tantas vezes eu vira nas fotos dos jornais."

A cearense Rachel de Queiroz também deixou registrado como era uma viagem num Ita e qual era o impacto de chegar à capital do país. Em sua crônica "Um pouco de nostalgia", publicada no site da Academia Brasileira de Letras, ela revela:

> Afinal, se me dão licença, quem passa dos 90 tem direito a algum saudosismo. É que, olhando o mar, lembrei dos bons tempos dos navios, quando só se viajava pelas costas do Brasil nos Itas (os decantados Itas do Norte) [...] Cada viagem neles era uma glória. Navio do Norte para o Sul (ainda se falava pouco em Nordeste) era para cada família como uma estação de águas, uma semana em Caxambu ou Lambari. Preparava-se o enxoval da viagem, guardado nas grandes malas de camarote: os vestidos para o dia, de linho e com gola de marinheiro, e os de noite, de seda, com manga cavada.
>
> O navio todo era um grande playground, onde se brincava em jogos de convés (ainda não havia piscinas), se almoçava e se jantava ao som de orquestra, em boa companhia. Grande honra era sentar à mesa do comandante. Dançava-se depois do jantar, toda noite sem falta, até mesmo quando o navio ancorava durante dias, em Areia Branca, para carregar sal.
>
> A vida a bordo era sempre uma festa. Onde, acima de tudo, se namorava. Havia para isso os estudantes que faziam curso na Bahia e no Rio; os antigos caixeiros-viajantes que já então se diziam "representantes de firmas"; e jovens políticos, e moços ricos nos camarotes de luxo. Contudo, os mais disputados dos galãs marítimos eram os próprios oficiais de bordo, com o seu charme de homens do mar, que a gente chamava de "cisnes brancos", seu andar macio e silencioso no solado de borracha: pilotos, imediato, até radiotelegrafistas. E as meninas ficavam injuriadas se descobriam que o médico era gordo ou notoriamente casado. O comandante era um caso especial.

Fazendo o gênero "velho lobo do mar", galante ou retraído, mas sempre envolto, para as moças, no halo que lhe dava a farda branca imaculada, o quepe agaloado de ouro, a autoridade de rei dentro do navio.

Cada porto era um evento especial: vinham os amigos, os parentes, receber os passageiros, levá-los a almoçar e passear pela cidade.

E a chegada ao Rio era a coroa da travessia. Das alturas de Cabo Frio começava a expectativa. Quase sempre o navio entrava na barra pela manhã com a Guanabara toda envolta em brumas. Passavam-se os fortes, passava o Mosteiro de São Bento, e então se atracava no cais, a orquestra de bordo tocando Cidade Maravilhosa. E a gente trajando o *tailleur* feito especialmente para o desembarque. Os tios em grupo se agitavam lá embaixo e quase toda menina tinha um primo especial para lhe acenar.

Esquecidos ficavam os belos amores de bordo. Como veem, era muito bom, naquele tempo, tomar um Ita no Norte.

No fim dos anos 1930, o jovem compositor baiano Dorival Caymmi, resolve sair de Salvador e ir para o Rio de Janeiro estudar direito. Com ajuda financeira de familiares ele embarcou no *Itapé*, em 1938. Não seguiu as recomendações do pai para procurar o capitão, velho amigo da família, que o passaria da terceira para a primeira classe. Sentiu-se bem com a gente simples. Passou o tempo da viagem de três dias lendo um livro de Stefan Zweig e chupando laranjas. Anos depois, em 1945, já consagrado pela gravação de Carmen Miranda de "O que é que a baiana tem?", ele compôs "Peguei um Ita no Norte". Décadas mais tarde, em 1993, a escola de samba carioca Acadêmicos do Salgueiro resolveu homenagear a canção de Dorival e escolheu como enredo a música que falava dos Itas.

Além de conquistar o título de campeã do Carnaval, o samba-enredo fez enorme sucesso e nunca mais deixou de ser cantado. A letra recuperava uma viagem pelo navio da Costeira, e, como se pôde ver, misturava as emoções de Rachel de Queiroz e a composição de Caymmi. Começando pelo porto de embarque: "sou mais um aventureiro/ rumo ao Rio de Janeiro/ adeus Belém do Pará"; a viagem propriamente dita: "oi no balanço das ondas, eu vou/ no mar eu jogo a saudade, amor"; as escalas: "em cada porto que passo/ eu vejo e retrato, em fantasias/ cultura, folclore e hábitos"; a chegada ao destino: "e com isso refaço minha alegria/ chego ao Rio de Janeiro/ terra do samba, da mulata e futebol". A música ficou imortalizada pelo refrão: "Explode, coração, na maior felicidade!"

O historiador Carlos Alberto C. Ribeiro lembra que a delegação brasileira que foi participar dos Jogos Olímpicos de 1932, em Los Angeles, nos Estados Unidos, optou por viajar no *Itaquicê*. O barco fora alugado pela CBD (Confederação Brasileira de Desportos) e Lage só cobrou "as despesas que se fizerem durante a viagem". O embarque da delegação foi bem concorrido, com a presença de Getúlio Vargas e de membros de seu governo. Recebidos por Henrique Lage, ficaram todos impressionados com as instalações do navio.

Apesar de tudo, Henrique nem sempre navegou em águas favoráveis. No caso da navegação de cabotagem, seus planos eram grandiosos, pois ele pretendia obter o monopólio do setor e expandir suas atividades para todo o litoral brasileiro. Foi assim que o Lloyd Nacional foi adquirido, em meados da década de 1920.

Tentações monopolísticas

Desde os tempos de Tonico Lage havia uma prática empresarial familiar de adquirir empresas em dificuldades. Henrique herdou esse pensamento do pai, mas seu temperamento era muito passional. Registros de seus colaboradores davam conta de que ele se deixava levar por arroubos de entusiasmo e que assinava contratos sem ler, nem sempre realizando bons negócios. São inúmeros os relatos de atitudes insólitas, omissões e pouca firmeza com autoridades, agindo, no entanto, em outros momentos, com bastante dureza com parentes e colaboradores. Logo, nem sempre suas decisões empresarias foram tomadas de forma fria e calculada. Giuseppe Martinelli se tornara um dos homens mais ricos do Brasil atuando no ramo da navegação. Seu Lloyd Nacional foi durante muito tempo uma empresa sólida e de boa reputação. Tendo iniciado suas atividades em plena guerra, a empresa foi beneficiada por isenções fiscais na década de 1920. Até 1922, seus barcos estavam limitados aos portos do Rio de Janeiro e de Gênova, na Itália. Um ano mais tarde, começaram a navegar também em direção ao sul do Brasil, para Porto Alegre, e depois para o Recife. Tudo isso em sociedade com outras duas grandes empresas do ramo, os Estaleiros Guanabara e a Ilha do Engenho. Três anos mais tarde, em 1927, o Lloyd entrou em crise, oportunidade que Henrique não deixou passar.

Em meados dos anos 1920, Henrique já era um empresário de fama internacional. Seus contatos com autoridades estrangeiras já vinham do início da década. Sempre com os olhos voltados para o mercado argentino, ele fez favores ao adido militar da Argentina, em 1920, dando uma carona ao coronel Juan R. Alvello até Porto Alegre, em um dos Itas. No mesmo ano, recebeu em Santa Catarina o embaixador italiano, conde Alessandro Bosdari. Quando da visita do rei Alberto da Bélgica ao Brasil, também em 1920, os dois fizeram um tour pelas águas da baía de Guanabara na lancha *Raio* de Henrique. E, no ano seguinte, ele recebeu, na ilha do Vianna, o prefeito de Buenos Aires. Em 1926, na Inglaterra, foi homenageado por altas autoridades. Foi recebido por Clare Hugh, do almirantado inglês, pelo sr. Robert Gilbert Vancitart, representando o ministro das Relações Exteriores, sr. Edward Crowe, do Conselho Ultramarino, e o sr. Sainsbury, do Tesouro de Sua Majestade. Os ingleses o consideravam o mais "enérgico e ativo dos impulsionadores da Marinha Mercante na América Latina", segundo *O Jornal* de fevereiro de 1926.

Henrique era poliglota; dominava o italiano, o francês e o inglês. Mas não foram seus dotes linguísticos que abriram portas, e sim a sua capacidade empresarial. Ele encomendou barcos na Inglaterra, na França e na Itália. Dos estaleiros do Cantieri Riunitti del'Adriatico vieram os Aras *Araçatuba, Araraquara* e *Araranguá*. Ao mesmo tempo, a Costeira foi reforçada com os Itas *Itapagé, Itahité* e o *Itaimbé*. A frota de cabotagem brasileira atingiu uma robustez inédita em sua história. Eram barcos maiores e mais modernos, que permitiam um número bem maior de passageiros e de diferentes cargas. O Brasil agora contava com navios equipados, telégrafos sem fio, dois motores de duas hélices e um número bem maior de câmaras frigoríficas. Uma infraestrutura naval mais eficiente, rebocadores de alto-mar, armazéns na maioria dos portos e, ainda, chatas e outras embarcações miúdas.

Sucesso de um lado e dificuldades do outro. Toda essa gigantesca estrutura seguia dependente de contratos governamentais, da boa performance da economia brasileira e da manutenção do câmbio favorável, pois os navios feitos fora do país eram contratados em moeda estrangeira. Os navios de Henrique Lage ainda tinham que enfrentar uma permanente guerra de preço dos fretes com os concorrentes.

A formação do tripé

Poucos acreditaram no carvão brasileiro como Henrique Lage. De forma obstinada, ele conseguiu transformar seus sonhos em uma pujante realidade. O setor carbonífero catarinense sobreviveu desde a década de 1910 até o governo Fernando Collor de Mello (1990-1992), no fim do século XX, quando importantes incentivos foram cancelados.

Quase ninguém acreditava no carvão nacional, pois a concorrência com o Cardiff era inviável. Até entre os que defendiam o produto nacional não havia uma unanimidade. De um lado, os chamados protecionistas defendiam uma política de estímulos que adaptasse as grelhas das caldeiras em todo país para receber um carvão mais pobre. Ao mesmo tempo, queriam uma estratégia de proteção alfandegária para os produtores nacionais. Do outro lado, os otimistas alegavam que bastava, por meio do beneficiamento, dar mais qualidade ao carvão e tudo seria alimentado pelo produto brasileiro: siderúrgicas, ferrovias, navegação, iluminação e produção de gás.

Instalados na região desde o século anterior, e apesar de todas essas dificuldades, os Lage seguiam extraindo de forma quase que artesanal o carvão catarinense, sem nenhum tipo de estímulo, sem ter como transportar, e embarcando da maneira mais primitiva possível.

Uma nova perspectiva sobre o tema surgiu no início da década de 1910, quando avaliações realizadas no estado de Minas Gerais apontavam a grandeza do nosso potencial siderúrgico. A produção de aço alavancaria a necessidade por mais carvão. Os investimentos seriam uma questão de tempo.

Além dos desafios empresariais e da carência de uma legislação governamental, havia outro debate local. Caso todas as peças desse intrincado quebra-cabeça se encaixassem, em que local do litoral catarinense seria construído o porto? Havia duas possibilidades: a cidade histórica de Laguna, e uma vila de pescadores que se dedicavam à pesca da baleia, numa região mais remota ao norte do estado. A localidade já tivera alguns nomes, como Vila Nova e Vila Mirim, e era então chamada de Armação de Imbituba. Lá existia uma semipenínsula com um formato em meia curva que já atendia de alguma forma pequenos barcos pesqueiros.

Ao longo da década de 1910, tudo foi mudando — a morte do pai, a guerra e a crise do carvão, a sua ascensão, e, principalmente, a legislação favorável ao produto nacional. O preço dos fretes foi reduzido, e concedidas isenções fiscais para a importação de maquinaria de beneficiamento. Em 1917, a situação ficou tão dramática com a falta do Cardiff que todos os olhos se voltaram para o similar nacional. Um marco desse momento foi a adequação dos trens da Estrada de Ferro Central do Brasil, com a aquisição de equipamentos para beneficiar o produto, e o preparo de doze locomotivas.

Aos poucos, tudo começou a favorecer o setor carbonífero catarinense. Tanto que o Estado brasileiro resolveu fazer pesquisas mais profundas na região. Os estudos mostraram que os Lage já produziam até 70 toneladas diárias nas minas da região de Tubarão e transportavam tudo em carros de boi até Laguna. Em melhores condições, em uma estrada de ferro, por exemplo, a produção poderia chegar a 700 toneladas. Os estudos técnicos continuaram até 1920, sempre com bons resultados. Aos poucos, foi se comprovando que o carvão brasileiro poderia movimentar barcos e trens, desde que devidamente beneficiado. Também seriam necessárias melhorias na hora de extrair e de transportar para torná-lo mais competitivo.

Com condições mais favoráveis, era hora de Henrique erguer o segundo vértice de seu plano. Os navios ele já fazia; era a hora do carvão. Ele atuou em duas frentes totalmente diferentes e complementares, primeiro como verdadeiro desbravador. Existem evidências de que Henrique pisou em Armação de Imbituba pela primeira vez em 1912. Tudo leva a crer que ele só teve uma preocupação: comprar terras.

Henrique era um homem rico acostumado com uma vida luxuosa. Andava sempre com um gigantesco relógio de ouro da marca Patek Philippe, gastava fortunas em joias para sua esposa, viagens sempre de primeira classe, frequentava a elite empresarial e política do Brasil e da Europa, mas não pensou duas vezes, e arregaçou literalmente as mangas para erguer o complexo carbonífero de ponta.

Ainda hoje circulam entre os moradores de Imbituba relatos de sua ação pela construção de uma cidade e de seu porto. Henrique era apenas o filho de Tonico Lage, um jovem milionário acostumado ao luxo, mas teria morado em casas das mais simples, trabalhou sem camisa com os operários, comia a boia servida ao ar livre com seus colaboradores, falava palavrões (algo pouco comum no início do século) e exigia pontualidade, pois era um homem extremamente pontual. Segundo o ex-ministro da Marinha, Veiga Miranda, "Henrique parece ser um gentleman disfarçado em operário; ou um egresso de oficinas laborais".

Ao mesmo tempo que atuava como peão de obra, Henrique estava construindo as condições para alavancar o negócio. Em 1917, com capitais próprios, ele começou a tirar diariamente 150 toneladas de carvão e a beneficiar até 550 toneladas. Não satisfeito, investiu em uma linha ferroviária, de quase cinco quilômetros, ligando a mina à estação de Lauro Müller. O seu sucesso atraiu outros capitais para resolver os problemas de infraestrutura.

O potencial da indústria carbonífera mudara de patamar e atraía mais investidores. Eram homens de negócio bem-sucedidos, como Paulo de Frontin, Conrado Niemeyer, Candido Gaffrée, Giuseppe Martinelli e Zózimo Barroso do Amaral. Empresas como a Melhoramentos do Brasil e o Syndicato Carbonífero Catarinense incorporaram a Companhia Brasileira Carbonífera de Araranguá. A Estrada de Ferro Teresa Cristina também foi incorporada. Com o surgimento de um novo conglomerado, os capitais começaram a fluir. Henrique Lage aproveitou e se tornou sócio majoritário.

Aos poucos, a Estrada de Ferro Teresa Cristina, a tal que deveria levar o produto do interior de Santa Catarina para o embarque no litoral, foi saindo de seu estado letárgico. Uma das engrenagens da economia do carvão brasileiro começou a rodar. Ainda faltava um porto de embarque, mas o importante eram as condições que estavam sendo construídas.

A Araranguá e a E. F. Teresa Cristina receberam uma série de isenções de impostos, e ainda o direito de desapropriar terras para efeito da expansão de novos ramais. Em contrapartida, devia ligar outras cidades da região.

Mas ainda não estava estabelecido em que ponto do litoral seria mais vantajosa a construção de instalações portuárias. Havia dois problemas: o assoreamento do canal e o baixo calado de seu porto dentro da Laguna. Já em Imbituba, o único problema eram os fortes ventos. Outra questão era que as duas localidades eram distantes de Lauro Müller — a primeira estava 90 quilômetros e a segunda, a 111 quilômetros.

Para tornar o negócio ainda mais robusto, ele fundou, em 1919, a Companhia Nacional Mineração de Carvão do Barro Branco, a fim de explorar e lavrar as minas, especialmente as do município de Orleans. A nova empresa, dona de um sólido capital, obteve um empréstimo junto ao governo federal e conseguiu enfim alavancar a produção de forma substancial. Entre 1923 e 1924, a produção de carvão catarinense alcançou um novo patamar.

Apesar de todos os esforços, até meados de 1920, o produto brasileiro ainda era visto com muita desconfiança. O jornal O *Paiz*, de dezembro de 1920, contava que fora um êxito o teste feito com o minério nacional no *Porpoise*, um ex-destróier inglês que até então usava óleo combustível. O barco alcançou até 29 milhas náuticas.

Faltava ainda resolver o embarque do minério. Laguna ou Imbituba? Henrique sentia a pressão das duas localidades. Na Laguna, era recebido com grande festa: música, estampido de foguetes, vivas e palmas. Porém, em 1917, ele pediu ao governo federal a autorização para construir em Imbituba.

O pedido foi negado. Só em 1919, durante o mandato do presidente Delfim Moreira, obteve a autorização para construir um porto que atendesse aos barcos da Costeira. Constava também da decisão presidencial a licença para a construção de um quebra-mar e demais serviços portuários, como aparelhamento e abrigo. Contudo, as pressões locais foram tão fortes que Henrique adiou a decisão sobre em que local fazer seu porto.

A opção por Imbituba era bem clara em sua cabeça. Só que o local preferido por Lage era apenas uma vila e carecia de tudo. Como defender a ideia de não utilizar o porto já existente em uma cidade centenária? Decidido a começar a erguer um mínimo de infraestrutura, Henrique enviou Álvaro Catão, um jovem engenheiro recém-formado e recém-casado para o local. "Imbituba, nessa época, era desprovida de qualquer resquício de conforto, e de qualquer amenidade; região fria no inverno, e batida constantemente pelos ventos. Não havia casas; simplesmente barracões de madeira. Era mais um acampamento de obra que uma cidade", segundo o relato ainda guardado por escrito pela família Catão.

Sempre tendo Álvaro Catão como braço direito, Henrique foi transformando a vila em uma cidade; uma escola com serviço de merenda, o Imbituba Atlético Clube, e até mesmo uma banda foram criados. Aos poucos, foram instalados oficinas, depósitos e o almoxarifado da E. F. Teresa Cristina. Uma usina de luz também foi construída. O comércio floresceu no entorno de uma vila operária.

Além disso, Henrique abriu uma cerâmica, inicialmente para atender aos interesses da Costeira, fazendo louças e sanitários para os navios. Na direção do empreendimento foram contratados os italianos Pietro Favelli, sobrinho de Gabriella Besanzoni, e os técnicos Bignani Giuseppi e Lonatti Ginona. Na sequência, os negócios foram ampliados e a produção foi expandida para ladrilhos, cerâmicas e tijolos.

A nova cidade, segundo a imprensa local, tinha serviços públicos iguais aos das grandes cidades. Além da riqueza de casas construídas pela empresa, havia água tratada e luz em todas as casas. Em 1923, todos chamavam o local de Henrique Lage. Mas em 1923 o governador Hercílio Luz criou o município de Imbituba, composto pelos quatro distritos de Vila Nova, Vila Mirim, Paulo Lopes e Garopaba. No ano seguinte, Álvaro Catão seria eleito seu primeiro prefeito.

Gabriella Besanzoni

Gabriella Besanzoni Lage — Depois acrescentou o nome Lillo quando se casou pela segunda vez; apesar do segundo casamento, na verdade nunca deixou de ser a viúva Lage, sobretudo quando lhe convinha. Italiana, cantora, dizem ter sido a maior contralto de todos os tempos, vedete temperamental, figura marcante, e de mil facetas. Totalmente inesperada, reagia à perda de milhões com uma indiferença olímpica de causar surpresa, a mesma surpresa que se tinha ao deparar-se com a tempestade que armava, pela perda de uma quantidade insignificante. Criava e dava força a um dos personagens que a cercavam, outorgando-lhes poderes, que algum tempo depois retirava sem razão aparente.

Além disso, tinha um grande apetite pela vida. Devo aqui relatar um episódio elucidativo e pitoresco. Em uma reunião de vários e famosos advogados feita no palácio do Parque Lage, estavam assinando uma escritura, se não me falha a memória, com os sobrinhos Lage, que tinham como advogado o renomado professor Santiago Dantas. Colhida a assinatura de d. Gabriella, ela chamou um pequeno grupo para um canto de uma das salas e perguntou abruptamente que é que poderia fazer para não cumprir aquela escritura que acabara de assinar. Alguém respondeu na hora: "Vamos primeiro esperar que seque a tinta." Gabriella deu uma imensa gargalhada. Não sei se morreu em paz, mas na vida tirou o que pôde.

Esse relato data de outubro de 1983 e foi escrito por Joaquim Xavier da Silveira, genro de Álvaro Catão. Além de ter trabalhado na Gandalera, uma das muitas empresas criadas por Henrique Lage, Joaquim participou de forma bem atuante no confuso e interminável imbróglio que foi o espólio do marido de Gabriella Besanzoni.

Quem também achava Gabriella uma pessoa muito confusa era seu biógrafo, o argentino Roberto di Nobili Terré. Em maio de 1958, ele começou a frequentar a casa de Gabriella, em Roma, como aluno de canto lírico. Após meses de estudos percebeu que não fazia nenhum progresso. Nem ele nem os demais colegas. Preferiu então anotar suas histórias e acabou se transformando em seu biógrafo.

Roberto reuniu muitas informações, e ao longo de sete incansáveis anos pesquisou em instituições na Argentina, na Itália, no México, no Peru e no Brasil. Só em terras italianas ele percorreu mais de 4 mil quilômetros visitando bibliotecas e arquivos. Após essa gigantesca maratona, Roberto concluiu que Gabriella não era uma fonte confiável. Trocava nomes, esquecia situações, omitia fatos e manejava datas de forma maliciosa. O biógrafo suspeitava que ela na verdade tentava sempre se passar por mais jovem. Além disso, ela inventava histórias. Apesar de todas essas dificuldades, alguns fatos sobre a vida da soprano são inquestionáveis.

Gabriella, segundo Roberto, era romana de Madonna Del Riposo e nasceu em 20 de setembro de 1890. Sua mãe, Angela Spadoni, tivera três filhos no primeiro casamento: Arduíno, Arnaldo e Manfredo, de sobrenome Colasanti. Após o casamento com o antiquário Francesco Besanzoni, nasceram, além de Gabriella, Adriana e Ernesto. Os laços de família sempre foram muito bem cultivados pela soprano. Seus familiares sempre estiveram por perto. Quando se estabeleceu no Rio de Janeiro, muitos deles vieram morar no Brasil.

Gabriella estudou em um colégio religioso e desde menina gostava de cantar. Seus vizinhos tinham como hábito convidá-la para se apresentar em eventos sociais. Foi graças à insistência de uma sobrinha de sua mãe que começou a levar o canto a sério. Seu biógrafo acredita que o barítono aposentado Alfredo Di Giorgio tenha sido seu primeiro professor. É possível que ainda nessa fase inicial de sua carreira a cantora já seduzisse os homens. Há inúmeros relatos das confusões amorosas em que se metia ainda adolescente.

Com a família passando dificuldades financeiras e sem condições de pagar aulas particulares, Gabriella foi matriculada no Conservatório e seguiu estudando com a professora Tangiori Curtica. Pouco tempo depois, ela foi convidada para uma apresentação organizada pelo maestro Rodolfo Ferrari, em Pesara. A menina estava tão nervosa que não parava de tremer, mas graças ao apoio do maestro resolveu cantar uma canção popular que estava na moda. A reação do público foi muito favorável, e Gabriella fez pela primeira vez algo que mais tarde seria corriqueiro em sua carreira — bisou.

Apesar de seu enorme potencial, ela levou certo tempo para acertar em que tom sua voz teria maior eficiência. Ao longo de seus estudos, caminhou do soprano ligeiro, passou pelo soprano lírico, depois para o dramático, o mezzo soprano até chegar ao contralto. Essas dúvidas sobre o seu registro acabaram quando foi aconselhada a insistir nos estudos como mezzo soprano. Gabriella contou que já nessa época teria escutado da famosa cantora Cecilia Gagliardi que um dia seria a "diva das divas". A verdade era que a reputação da jovem cantora se espalhou rapidamente pela cena musical italiana. Tanto que o empresário Walter Mocchi, homem de grande reputação internacional em se tratando do mundo da ópera, entrou em contato.

Ao mesmo tempo, Gabriella foi sondada para assinar contrato com o Scala de Milão, um dos templos sagrados da música. Aos 20 anos, preferiu as ofertas de Mocchi e foi fazer parte do elenco do Teatro Costanzi, de Roma. Com o apoio de Emma Carelli, esposa do empresário, ela se dedicou a estudar como mezzo soprano. Sua estreia aconteceu em 1911, sempre com papéis secundários, em óperas como *Carmen* e *Sigfrido*. Após atuar várias vezes como coadjuvante, ela enfim foi consultada se seria capaz de fazer o papel de Ulrica em *Baile de máscaras*, de Verdi. Havia uma carência no teatro de Gênova, e era a oportunidade de desempenhar um papel de maior destaque. Gabriella teria dois dias para estudar.

No Teatro Polytheama, de Turim, em 1913, ela cantou pela primeira vez *Carmen*, ópera que a consagraria. A noite de 20 de janeiro de 1914, no Teatro Carlo Felice, de Gênova, foi um ponto marcante em sua carreira. Segundo Gabriella, ela foi obrigada a bisar três vezes uma de suas árias, para o deleite do público.

A carreira de Gabriella deslanchou. Sempre aliando enorme talento vocal com um gigantesco apelo sexual, foi se tornando um nome de reputação internacional. Variando o repertório, ela se apresentou em diversas cidades italianas, e na sequência em outros países europeus, depois nas Américas do Sul, Central e do Norte. Os maiores teatros do mundo se renderam aos seus encantos: o Metropolitan, de Nova York, o Colón de Buenos Aires, o Solis de Montevidéu e o Municipal do Rio de Janeiro.

Gabriella foi colecionando admiradores e admiradoras, ousava nos figurinos, posava para fotos mais picantes, e provocava suas plateias. Seus amantes foram um bom exemplo de sua fama. Com o rei Afonso XIII de Espanha, por exemplo, o romance se desenrolou na casa de campo do monarca, sempre aos fins de semana. Ele nem se importava em ser visto em público com ela, e em outros momentos seguia a diva pelas ruas de Madri. Segundo Gabriella, ele era muito ciumento.

O poeta e soldado fascista italiano Gabriele D'Annunzio bem que tentou, mas aparentemente não conseguiu seduzi-la. O político peruano Manuel Quimper, de uma das famílias mais tradicionais do Peru, foi absurdamente apaixonado por ela. Assim como o empresário teatral Faustino Armando, que tinha grande influência no mercado latino-americano, relação que lhe rendeu contratos fora da Europa. Já o pianista polonês Arthur Rubinstein precisou de pouquíssimos encontros para conquistá-la.

Gigantesco talento, contratos generosos e uma crescente e fascinante coleção de joias foram fazendo com que Gabriella se tornasse uma lenda nos meios artísticos internacionais. Fora as apresentações, ela gravou discos e fez filmes. Seus companheiros artísticos eram todos do primeiro time, como o tenor Enrico Caruso, que se apresentou com ela diversas vezes. Ainda bem jovem, ela ficou rica. Aconselhada pela mãe, Gabriella pretendia seguir solteira usufruindo da beleza, da fama e da fortuna.

Mas foi a persistência de Henrique Lage que fez Gabriella mudar de ideia. Ao seu biógrafo, ela revelou que após todas as suas apresentações no Theatro Municipal do Rio de Janeiro, em 1918 ela se deparou com flores e um convite para jantar. Nessa ocasião, ela estava apaixonada por Rubinstein, que estava no Rio, e seguia tendo um caso com o empresário Faustino, também na cidade. A tática de Henrique não funcionou. Na temporada seguinte, dois anos mais tarde, ele voltou a fazer carga: mais flores e convites por meio do motorista que ficava horas na porta do camarim da diva. Ela mais uma vez não aceitou, mas ficou curiosa.

Gabriella já era então uma verdadeira celebridade internacional. Gravara discos de enorme sucesso entre 1920 e 1921, com grandes nomes da música, como o parceiro Caruso, e o compositor, pianista e maestro Sergei Rachmaninoff. Ela também estampava peças publicitárias em jornais dos Estados Unidos, vendendo os produtos da Victor Talking Machine Company, em especial as vitrolas.

Na temporada seguinte, em 1922, quatro anos mais tarde, lá estava o motorista de Henrique na porta do camarim de Gabriella. O convite era para uma festa na ilha dos Lage. Ela agora já sabia que se tratava de um milionário, então resolveu aprontar. Aceitou o convite mas levou todos os companheiros de palco, umas cinquenta pessoas. Para seu espanto, todos foram recebidos sem nenhum problema. Gabriella se surpreendeu quando ficou cara a cara com seu admirador. Ele era "sumamente gentil, educado, de muito boas maneiras e logicamente simpático. Era alto, muito elegante e como homem... lindo!", revelou a diva ao biógrafo.

Gabriella não só ficou impactada com Henrique, mas com o ambiente na ilha. Ao fim da festa, ele fez questão de levá-la até o hotel em que estava hospedada. Quando ficou sozinha em seu quarto começou a avaliar a noitada, e concluiu que estava maravilhada. Um segundo encontro foi marcado, e Henrique foi mais incisivo e insistente. Escutou como resposta que ela só tinha olhos para sua carreira e que seu único compromisso era com sua arte. Mesmo assim ele a pediu em casamento. A resposta foi algo do tipo: "Querido Lage, sabe de uma coisa? Você é muito engraçado. Já te disse que não." Ele rebateu: "Não importa, sou muito paciente. Você seguirá dando voltas pelo mundo, mas ao final vai ser minha esposa." Dito isso, simplesmente se retirou. Gabriella achou a atitude arrogante. Afinal, quem era ele para achar que ela se renderia?

Segundo os relatos de Gabriella ao seu biógrafo, ela seguiu sua carreira normalmente. Teria sido no palco do Metropolitan, em Nova York, cantando a ópera *Mignon*, que ela teve a impressão de vê-lo na plateia. Em plena apresentação, a cantora perdeu a concentração, tomada pela imagem de Henrique. Em seguida, foi para a Europa, com apresentações na Espanha e na Itália. Henrique e sua proposta de casamento já estavam esquecidos. Ela não considerava a possibilidade de trocar sua bem-sucedida carreira pela vida de casada, sendo mãe e dona de casa. Essa ideia era duramente combatida por sua mãe, que só tinha olhos para a fama internacional da filha e dizia que casar seria faltar com a vontade de Deus. Naquela época, Gabriella já era rica e sua coleção de joias também já era comentada pela imprensa de muitos países.

Além disso, tinha aos seus pés as maiores personalidades da Europa, dos Estados Unidos e dos países latino-americanos. Para aceitar um casamento teria que ser com um homem de "forte personalidade, lindo, mas masculino, independente e com boa posição, invejável". E ainda havia um quesito fundamental: teria quer ser "um homem que aceitasse ser esposo de uma *prima-dona*".

Ainda hoje no Rio de Janeiro, entre os membros da família Lage, há uma versão um pouco diferente. Conta-se que Henrique tentava estar sempre na plateia de Gabriella, de preferência em posição perto do palco, para que pudesse ser visto. Versão parcialmente confirmada pela própria Gabriella no supracitado relato no Metropolitan de Nova York. Mas Henrique era um homem de negócios com uma gigantesca carga de trabalho. Além das viagens nacionais e internacionais, administrava as companhias de navegação e de carvão, e outras empresas de menor porte. Ele não teria muito tempo para segui-la mundo afora.

Gabriella conta que em 1924, após uma temporada em Monte Carlo, começou uma turnê pela América Latina. Cantaria em Buenos Aires e Montevidéu. Excepcionalmente naquele ano, Rio de Janeiro e São Paulo não estavam no roteiro. Ao final da excursão, na capital uruguaia, recebeu um convite de Henrique para visitá-lo no Rio. Foram anos de cortejo e ele merecia uma atenção especial. Ela aceitou para avaliar qual seria o impacto de revê-lo.

Na Cidade Maravilhosa, ela foi tratada como uma rainha por Henrique, com passeios, comida farta e requintada e mimos (provavelmente muitas joias). Uma bela noite, ele organizou um jantar no alto do Pão de Açúcar. Gabriella ficou inebriada com a vista, os contornos da Guanabara, o Corcovado ao fundo e as luzes da cidade. Foi nesse momento que ela balançou. A carreira ou o casamento? A insistência era avassaladora, os argumentos, tentadores! Henrique estava bem perto de conquistá-la.

Importante lembrar que naquele ano Gabriella fora lesada pelo empresário Walter Mocchi. Exatamente nessa passagem pelo Rio de Janeiro, ela cobrou na Justiça um pagamento de 12 mil contos de réis.

Fragilizada pela situação, a sociedade brasileira se solidarizou com a jovem cantora reprovando o comportamento de seu empresário. Todos já sabiam quem eram suas amizades no Velho Mundo. Ela não se cansava de mostrar os retratos autografados do rei italiano Vitor Manoel III, e do rei, assim como da esplêndida coleção de brincos ofertada pela esposa do amante espanhol. Era dona de uma bela *villa* em Roma, e lá recebia a elite da cidade. A briga com Mocchi foi tão feroz que o empresário preferiu sair da cidade, não sem antes espalhar que ela era uma estrela em decadência, pois iria se casar.

No trato que Henrique e Gabriella fizeram antes do casamento, provavelmente em fins de 1924, duas cláusulas pétreas ficaram estabelecidas: ela seguiria cantando, mas nunca mais faria o papel de Dalila.

O casamento

Ao contrário da maioria das noivas, Gabriella esqueceu como foi o dia de seu casamento. Contou ao seu biógrafo, Roberto di Nobili Terré, que se casou no dia 20 de setembro de 1924, seu aniversário, na Igreja da Candelária, repleta de convidados. De presente ela teria ganhado do marido a ilha de Santa Cruz.

Na verdade, o casório aconteceu no verão de 1925, no dia 7 de fevereiro, não na catedral da cidade, mas na própria Ilha. A festa reuniu aproximadamente mil pessoas. A decoração ficou por conta da incrível profusão de ramos, ramalhetes e corbelhas recebidas pelos noivos.

A fina flor da sociedade carioca esteve presente. Entre os convidados estavam a sra. Clélia Vaz de Mello Bernardes, representando o presidente da república Artur Bernardes, a família Mayrink Veiga, Oswaldo dos Santos Jacintho, o maestro italiano Salvador Ruperti, o comendador Arduíno Colasanti e "outras figuras de escol", quase todos vestidos de branco. Os convidados embarcaram na Praça Mauá e às 11h30 começou a cerimônia religiosa celebrada pelo monsenhor Rosalvo Costa Rego, vigário-geral da Arquidiocese do Rio de Janeiro, e para a celebração civil um juiz de Niterói (a ilha do Vianna está localizada do lado niteroiense da baía), o dr. Irurá de Vianna. Os noivos também estavam vestidos de branco, e durante a cerimônia foi tocada a canção "Meditazione", composta especialmente para a ocasião pelo maestro Ruperti. Segundo o jornalista Paulo Hasslocher, Gabriella era uma expoente da arte transfigurada em beleza. Após a cerimônia, foi servido um almoço e na sequência começou o baile.

De todos os presentes de casamento, o mais significativo e de maior repercussão veio da Itália, da parte do poeta Gabriele D'Annunzio, que mandou um anel e um poema, com passagens bem ilustrativas: "Eu desejo esquecer que és uma Eurydice muito mais melodiosa e deliciosa que a antiga." No entanto, nada comparável aos trocados entre os noivos. Ela ganhou um colar de pérolas cinza naturais de duas voltas e uma pérola oriental cor-de-rosa. Gabriella foi também bem generosa com o marido, dando-lhe um adereço completo de esmeraldas, dois ricos vasos de porcelana de Sèvres, diversas estatuetas de bronze, um serviço de chá completo de prata com monogramas de ouro encrustados, salvas antigas de prata, inúmeras joias, uma cigarreira de ouro maciço e um jogo de lâmpadas de mesa.

A festa repercutiu na imprensa local, nacional e internacional. Gabriella era uma estrela do primeiro escalão. Nos anos 1920, segundo o cronista Benjamim Costallat em seu livro *Os mistérios do Rio de Janeiro*:

> sofria, então, a sua formidável transformação. De cidade provinciana, transformava-se, em poucos anos, em grande centro cosmopolita de cidade bem brasileira, com as suas chácaras como as da Tijuca e suas casas como as de Botafogo, sempre com a velha e esguia palmeira dizendo o número de boas e pacatas gerações que por aí passaram. O Rio começava a ser a grande cidade internacional com Copacabana, e com o Leblon, construídos à americana, fei-

tos de bungalôs e jardinetes simétricos e asfaltados. Grandes hotéis surgiram. Enormes formigueiros humanos luxuosos, de criadagem irrepreensível. *Concierges, grooms, classeurs, sommeliers* — toda uma população nova de criados fardados e encasacados que o velho Rio ignorava.

A chegada da internacional Gabriella Besanzoni era a cereja do bolo. Nunca antes na história da cidade alguém de tanta fama habitara o solo carioca.

O casal passou a lua de mel na cidade de Poços de Caldas, em Minas Gerais. Mas a paz de Henrique e Gabriella foi logo interrompida. O Ministério Público, através do procurador-geral do estado do Rio de Janeiro, Mario Vasconcelos, alegando que Henrique ainda era casado com a norte-americana Lilian Whitman, pediu a anulação de seu casamento. Henrique e Gabriella foram inclusive surpreendidos com a visita da polícia mineira. A notícia repercutiu na imprensa dos Estados Unidos, da Inglaterra, da Alemanha, da França e da Argentina. O mundo seguia acompanhando os passos da diva. O imbróglio, no entanto, não prosperou.

Quem passou a se beneficiar com o sucesso de Gabriella foi o marido. Doravante, Henrique não hesitaria em usar a esposa como abre-alas para seus negócios. Fora do Brasil, em alguns momentos, foi até chamado de sr. Gabriella Besanzoni.

Os negócios secundários

Henrique e Gabriella inicialmente foram viver na ilha do Vianna. Ele seguia uma rotina bem regrada, saindo diariamente no mesmo horário pela manhã de barco até o Centro do Rio de Janeiro, e de lá indo de carro até o escritório da Costeira, na região portuária. Os dois viajavam muito; ele em especial para Santa Catarina, e ela nunca deixou de fazer longas viagens de trabalho. Apesar da conquista da mulher amada, do ponto de vista de sua visão empresarial, baseado na verticalidade e no desenvolvimento do aço brasileiro, da construção de navios e do desenvolvimento da atividade carvoeira, ainda havia muito a ser feito. Mesmo dentro de suas empresas, esse conceito de autossuficiência ainda estava longe de ter sido alcançado. Só assim para entender as ações de Henrique em ramos tão díspares como cerâmica, seguradora, gás e salinas. Mas havia uma lógica que interligava todos esses segmentos: ser uma organização totalmente autossuficiente.

A indústria do sal no Brasil, por exemplo, sempre fora ligada ao setor marítimo. O maior produtor nacional, o Rio Grande do Norte, dependia do embarque de seu produto em direção aos principais mercados do sul do país. Em meados da década de 1910, dois eventos foram marcantes para o setor: o fim da legislação que garantia privilégios a uma determinada companhia de navegação, e a Primeira Guerra Mundial, que interrompeu a importação do sal, pois a produção nacional não dava conta das necessidades do mercado. Em 1916, antes mesmo de Henrique estar no comando dos negócios, os Lage entraram para o setor de salinas. Logo após o casamento, em 1925, ele comprou muitas terras entre Cabo Frio e Araruama, e começou a explorar sal em duas salinas.

O negócio do sal enfrentava problemas parecidos com os do carvão. Seria o produto nacional de qualidade? Os charqueadores do Rio Grande do Sul preferiam comprar o sal espanhol de Cádiz. Atribuíam ao sal brasileiro a existência das "mantas vivas de charque", ou seja, pedaços de carne-seca e salgada que supostamente se mexiam pela ação de vermes enquanto esperavam o embarque. Outro motivo de descontentamento com o nosso sal era a tributação, mais favorável ao importado. Desafios que Henrique tratou de encarar.

Para resguardar os interesses da Costeira, Henrique entrou em outras atividades totalmente estranhas às tradições de sua família: abriu um banco e uma seguradora. O Banco Sul do Brasil buscava melhorar a posição financeira de suas empresas, facilitando levantar financiamentos junto ao Banco do Brasil. A instituição bancária tinha sede no Rio de Janeiro, no mesmo endereço da Costeira, e matriz catarinense em Florianópolis, com agências em Blumenau, Tubarão, Laguna e Imbituba. Ao longo de toda a década de 1920, ele se manteve com muito sucesso à frente do negócio.

Com o mesmo pensamento — dar solidez aos seus negócios no setor de navegação —, e para obedecer à criação de uma nova legislação sobre proteção contra acidentes de trabalho, Henrique criou, entre 1919 e 1920, duas seguradoras: o Lloyd Sul Americano e o Lloyd Industrial Sul Americano. Mais uma vez, revelou o seu lado de grande empresário, e as duas empresas florescem num piscar de olhos.

Estar no ramo de seguros foi fundamental para a proteção do patrimônio da Costeira. Acidentes e encalhes com embarcações eram comuns e aconteciam com alguma frequência, mas Henrique Lage estava muito bem calçado quando em 1919 o carregamento inflamável do *Itatiba* explodiu na costa do estado do Rio de Janeiro. Tudo se perdeu — o barco, a carga, os tripulantes e os passageiros, porém todos foram indenizados. Três anos mais tarde, em 1922, na ilha do Vianna, uma embarcação explodiu e duas pessoas morreram. E, em 1927 a própria sede da Costeira ardeu. Sempre resguardado, Henrique não acusou os golpes.

Essa coleção de sucessos estimulava cada vez mais o empresário. Henrique não parava de procurar novos campos para expandir seus negócios, como a construção civil, por exemplo. Começou no fim da década de 1910 no negócio de areia em Magé, e depois derivou para diversas atividades, como terraplanagem, dragagem, saneamento, obras marítimas e de construção civil em geral.

Se os negócios com os navios rendiam subdividendos, no caso do carvão não foi diferente. Em 1924, ele criou a Sociedade Anonyma Gaz de Nitheroy, sempre tendo como alvo a valorização do produto de Santa Catarina para ser usado na futura indústria siderúrgica brasileira. Conformada por dez sócios, a empresa se instalou na rua São Lourenço, 43. Todas as instalações industriais do novo empreendimento, por exigência de Henrique, foram construídas no Brasil. No dia da inauguração, ele aproveitou a presença da imprensa para fazer publicidade das dificuldades que enfrentava o carvão que extraia em Araranguá, Santa Catarina: ineficiência de transporte ferroviário, dificuldades para o embarque e, principalmente, "nenhuma providência oficial para amparar tão grande indústria".

A entrada de Henrique no setor de gás não foi bem recebida por setores da imprensa. Logo ele foi acusado de ser o "polvo de Niterói". O jornal *O Imparcial* fez a seguinte denúncia: "No Rio uma família com fogão e aquecedor de banho gasta entre 60 e 70 mil réis. Em Niterói sempre mais de 100 mil réis. No Rio o metro cúbico seria de 650 réis, a metade. Até o relógio é alugado."

Se o setor do carvão lutava a duras penas, o setor siderúrgico também avançava com grandes dificuldades. Para agravar a situação, o governo brasileiro, no início dos anos 1920, só acreditava que a siderúrgica pudesse nascer nas mãos do capital estrangeiro.

Em meados da década, o presidente Epitácio Pessoa contratou o norte-americano Percival Farquhar e assim nasceu a Itabira Iron Co. O contrato ia totalmente contra o pensamento de Henrique, com o carvão e os equipamentos importados, e todo tipo de isenção. A gritaria foi geral. O acordo contrariou inúmeros agentes econômicos e políticos, principalmente em Minas Gerais, estado de onde sairia o minério. Mesmo assim, outro acordo com uma empresa internacional foi firmado com a Companhia Siderúrgica Belgo-Mineira.

Henrique preferiu agir e resolveu concentrar sua atenção na região do Gandarela, também em Minas Gerais. Desde o fim do século XIX já se prospectava no local mármore, manganês e ferro. Já atuava na região a Companhia do Gandarella, que não recebia nenhuma das benesses do capital internacional. Ousado, Henrique se aproximou da empresa, que tinha sede em Belo Horizonte, e arregaçou as mangas.

A primeira providência foi transferir a sede da Gandarela para o Rio de Janeiro, a fim de afastar os diretores mineiros. O estratagema funcionou e uma recomposição societária acabou por formar uma nova empresa. A Companhia do Gandarella, com um capital trinta vezes maior, era agora uma empresa muito mais ambiciosa. Pretendia atuar em diferentes setores: carvão, mármore, ferro, manganês e produção de cimento. Henrique entraria no tão sonhado setor siderúrgico e ainda pretendia refinar outros metais extraídos. A nova Gandarela também pretendia entrar para o ramo do transporte ferroviário, vital para escoar a produção.

Em 1923, Henrique tinha a certeza de que sua concepção empresarial começava a ganhar contornos mais sólidos. No entanto, esse otimismo coincidiu com o quadriênio presidencial de Artur Bernardes. Além de governar sob estado de sítio, alegando forte agitação social e política, do ponto de vista econômico seu mandato não foi muito melhor. O carvão e a siderúrgica foram timidamente beneficiados. Mas Henrique sempre teve claro que era inexorável que um dia o Brasil teria um governo que estimulasse de forma clara esses segmentos-chaves para o desenvolvimento.

Mesmo com um quadro instável, foi nesse contexto que nasceu um plano estratégico para o setor siderúrgico nacional. Em 1924, o impopular mandatário decretou um plano de governo nacionalista para o setor do carvão e da indústria siderúrgica. Favorável aos sonhos de Lage, o projeto nasceu contaminado pela impopularidade de Artur Bernardes e simplesmente não prosperou.

O senhor Besanzoni

Ao longo de sua vida, algumas vezes o bem-sucedido Henrique Lage foi atacado por ser marido de Gabriella Besanzoni. Seus críticos o acusaram de tirar vantagens da fama da esposa. Em muitos momentos eles agiram como cúmplices, e os dois eram beneficiados. Talvez o caso mais emblemático tenha a ver com os interesses de Henrique na Argentina. Logo após o retorno do casal da lua de mel, em Minas Gerais, Henrique e Gabriella embarcaram, em outubro de 1925, para o país vizinho. Gabriella era muito conhecida lá. Já se apresentara diversas vezes, e as suas temporadas em Buenos Aires eram, em geral, longas e vitoriosas. O marido não gozava do mesmo prestígio.

Henrique sonhava em integrar o mercado argentino ao brasileiro por meio dos barcos da Costeira. A Argentina era, no início do século XX, um dos países mais prósperos do mundo. Nas últimas décadas fizera algo bem parecido com os norte-americanos, e expandira suas fronteiras agrícolas, expulsando as populações indígenas e alocando colonos europeus. Logo atrás vieram as estradas de ferro, garantindo a escoação da produção.

Os argentinos foram ficando fortes em vários setores: carne, trigo, milho, linho, frutas e vinhos. Era tanta riqueza que rivalizavam com os Estado Unidos da América. Ao longo da década de 1920 eles cresceram mais que os norte-americanos, canadenses e australianos. Durante a V Conferência Pan-Americana, realizada em Santiago do Chile, em 1923, quem mais rivalizou com os Estados Unidos foram os argentinos. Realizada sob o espectro do centenário da Doutrina Monroe, que pregava a "América para os americanos", a Argentina defendeu a tese da "América para o mundo".

No país vizinho, por uma questão geográfica, o setor ferroviário era muito bem desenvolvido. Já a navegação de cabotagem ocupava um espaço menor. Era nesse hiato que Henrique tentaria agir. Outro ponto que exploraria era o fato de que ele e o presidente argentino Marcelo T. Alvear eram casados com divas — Marcelo com a portuguesa de origem italiana Regina Pacini, e Henrique com Besanzoni. Histórias parecidas, paixões quase que idênticas. Apesar de serem de diferentes gerações, as duas cantoras se conheciam e mantinham bom relacionamento, algo incomum no mundo das grandes estrelas.

Foi com todo esse quadro favorável que o casal Besanzoni Lage desembarcou em Buenos Aires, em outubro de 1925. A imprensa logo ressaltou o aspecto mercantil da visita. O objetivo era intensificar o intercâmbio comercial de produtos brasileiros e argentinos. Lage sonhava em conectar a cidade de Rosário ao porto de Belém do Pará. Na capital, provavelmente com Gabriella como abre-alas, ele se encontrou com o ministro da Fazenda Victor Molina e com o próprio presidente Alvear. Henrique se aproximou da poderosíssima sociedade rural e da Câmara de Comércio. Na agenda social também aconteceram encontros com membros da alta sociedade portenha.

Segundo o jornal argentino *La Nación*, de outubro de 1925, ficava bem claro como a esposa tinha peso em suas investidas: "O futuro da Argentina e do Brasil depende de sua mais estreita união. O desenvolvimento de nossos países reclama a instauração de uma política sul-americana. Conviria, por exemplo à Grã-Bretanha um intenso desenvolvimento do Brasil e da Argentina?" O marido de Gabriella realçava, em todas as oportunidades, como ela conhecia bem a cidade e amava Buenos Aires.

Imediatamente, eles seguiram viagem para Santa Fé, na região centro-leste do país, banhada pelos rios Santa Fé e Salado. A presença de Gabriella abria portas e logo o marido foi recebido pelo governador da província. Também foram realizadas reuniões com os secretários estaduais de Interior, Fazenda, e Instrução na bolsa de comércio local. Seu objetivo era levar seus barcos até essa cidade. Lage queria fugir do porto de Buenos Aires, o mais caro do mundo — segundo norte-americanos e ingleses, "o câncer da navegação".

As conversas foram tão promissoras que ele fez sugestões para o projeto do novo cais. Logo depois eles retornaram para a capital, e Henrique abriu o escritório da Costeira na cidade. Foi o único avanço concreto no sentido de conectar os dois países, mas a iniciativa repercutiu muito bem entre os vinicultores da região de Mendoza, que passaram a apoiar as iniciativas da Costeira.

Logo depois, em 1926, Henrique viajou para a Inglaterra a fim de encomendar os navios ARAs e foi recebido como grande armador latino-americano. Ele virou o centro das atenções da comunidade brasileira em Londres. Depois foi para a Itália, e no estaleiro Monfalconi fez outros negócios. Acompanhado da esposa, e por sugestão de Benito Mussolini, foi agraciado com a insígnia da Grande Ordem da Coroa de Itália. O contato com o primeiro-ministro passava pelo cunhado Arduíno Colasanti, meio-irmão de Gabriella, bem próximo do líder fascista. Na mesma ocasião, eles foram recebidos pelo rei Vitor Emanuel III e sua esposa, a rainha Helena de Montenegro, na Villa Savoia. Na mesma viagem, o casal foi recebido em grande estilo na capital francesa.

Aparentemente, não era intenção da Besanzoni voltar ao Brasil. Ela fora contratada pela Grande Companhia Lyrica de Octavio Scotto para apresentações na Europa, nos Estados Unidos e na América do Sul. Ela teria o maior cachê da trupe. Mas, segundo a imprensa brasileira, a diva teria sido fortemente assediada pela elite carioca para voltar ao Rio de Janeiro. Ela estava no auge de sua fama na capital do Brasil. Contudo, seguiu na Europa, só retornando ao fim da temporada.

De volta ao país, ela seguia cada dia mais popular. Existem inúmeros relatos de que os pilotos da Marinha brasileira "erravam" seus planos de voo e tentavam sobrevoar a ilha de Santa Cruz com um único objetivo: tentar ver a diva.

Em seu retorno, a primeira atuação de Gabriella foi em benefício do marido, em novembro de 1927. Para celebrar o trigésimo oitavo aniversário da Proclamação da República, diversos sindicatos ligados aos negócios de seu esposo — Comitê dos Operários da Companhia Costeira, União dos Operários Estivadores, Trabalhadores de Trapiche de Café, União dos Foguistas, Centro Político dos Chauffeurs, entre outras agremiações — a convidaram para uma missa na Catedral do Rio de Janeiro, com orquestra regida pelo maestro Salvatori Roberti. Em Porto Alegre, no mês seguinte, celebrando a primeira viagem do *Araranguá*, lá estava ela cantando mais uma vez, agora em benefício da Fundação O Pão dos Pobres.

Atendendo ao pedido das autoridades, Gabriella também se apresentou no Theatro Municipal com a ópera *Orfeu* de Gluck. A recepção do público carioca foi consagradora. Segundo nota na imprensa, "o nosso público lhe prestou a mais carinhosa e a mais estrepitosa ovação a que já temos assistido nos nossos teatros! Inúmeras foram as corbelhas que lhe foram enviadas, flores que transformaram o palco do nosso Municipal num verdadeiro jardim artificial. Foi deslumbrante, admirável, arrebatador!".

Gabriella se ambientara tão bem ao clima do Rio de Janeiro que até brincava o carnaval. Em 1928, ela foi vista no baile do hotel Copacabana Palace. No dia seguinte, arrancou suspiros no carnaval do Jockey Club coberta de joias que combinavam com o vestido bem justo de lamê prata e plumas vermelhas.

O objetivo de Henrique Lage, no entanto, seguia sendo o mercado argentino. Tanto que, em 1927, ele cedeu o navio *Itaimbé* para levar a Caravana Médica Brasileira aos portos de Montevidéu, La Plata e Buenos Aires. Era uma iniciativa diplomática que visava reforçar os laços de "solidariedade espiritual" entre os três países, e também uma ótima oportunidade para a Costeira ancorar seu mais novo transatlântico em águas argentinas. No mesmo ano, Gabriella cantou no Colón, mas sem a presença do marido. E, como sempre, sua apresentação fora deslumbrante.

Em 1928, a dupla fez uma irresistível visita à Argentina. Dessa vez ela foi recebida como grande diva, pois cantaria *Carmen* no Teatro Cólon. O convite partira do presidente Alvear, e Henrique julgou que não seria gentil uma recusa. Era a chance para tentar mais uma vez a abertura do mercado argentino.

Gabriella não só atuou como cantora, mas como grande estrela. O casal ficou hospedado em um dos mais sofisticados hotéis da cidade, o Plaza. Uma coletiva de imprensa foi marcada no hall do hotel. Segundo o jornal local *La Nación*, de junho de 1928, a senhora

Henrique Lage deu um verdadeiro show: "Ao abrir-se a porta do elevador produziu-se um murmúrio de curiosa expectativa, um murmúrio de celebridade." A cantora estava coberta de colares, diademas, pulseiras, anéis, irradiando à luz de um refletor.

"Há dias das esmeraldas, nos quais o verde sobe a garganta privilegiada e os braços envolventes, e reflete com transparência de lago. Há os dias dos rubis, nos quais o vermelho do vestido que os cinge com adulação de chama incendeia suas últimas chipas nas pedras presas na pele morena", tentou resumir de forma confusa a reportagem. Gabriella falou sobre sua vida: "Meu ideal é viver para a arte em um lar formado pelo amor. Até que percebi que meu casamento não tinha outro amor, outro entusiasmo, outra ideia fixa se não minha arte. Encontrei um marido com alma de artista. Ele teve em toda a vida uma incontável *afición* à arte lírica que o levou a ouvir todos os cantores célebres que passaram pelo mundo". Perguntada sobre o Brasil, ela revelou: "Veja bem, sou brasileira da ilha de Santa Cruz. Tão brasileira que já sei usar a palavra *saudade*." A matéria relatou quem eram os membros de seu *entourage*: a mãe, o maestro, um secretário e, claro, o marido. Revelou o supracitado jornal argentino.

Se não bastasse o espaço ocupado pelo casal nos jornais locais, Henrique estava sentado ao lado do presidente Alvear no dia de sua apresentação no Colón. No papel em que se sentia mais confortável, Gabriella brilhou como nunca. Foi longamente ovacionada pelo exigente público portenho. Ao fim de cada ato, foi chamada repetidas vezes para receber calorosos aplausos. Quando o espetáculo chegou ao fim, o publicou delirou. O palco do histórico teatro foi literalmente coberto de flores. Gabriella foi obrigada a retornar diversas vezes à boca da cena para agradecer. Segundo um telegrama enviado aos jornais cariocas, ela recebera uma aclamação sem precedentes em sua carreira artística.

Com o sucesso da esposa, Henrique seguiu firme no propósito de conseguir levar seus barcos ao país vizinho. Banquetes foram oferecidos ao setor ferroviário, aos jornalistas dos principais jornais como *La Nación, El Diario* e *Caras y Caretas*. Sempre muito diplomático, Henrique elogiava setores da economia argentina. Em La Plata, ofereceu às autoridades locais um banquete no hotel Palace e defendeu: "Impõe-se um traço de fraternidade e comunhão de interesse entre os dois países, que será realidade pelos meios de comunicação marítima." Seu plano era interligar Santa Fé, Rosário, Buenos Aires, Montevidéu, Rio Grande, Santos, Rio, Salvador, Recife, Fortaleza e São Luís em viagens de no máximo dezoito dias, usando navios de 8 mil toneladas. Um comércio que movimentaria do lado argentino petróleo, trigo e carne, e do outro lado madeiras, tabaco, coco, castanhas e óleo.

Aos poucos, suas ideias foram ganhando adeptos. O governador Vergara, da província de Buenos Aires, pediu para que Mar del Plata, ou La Plata, fosse incluído no roteiro. O projeto, no entanto, tinha seus opositores, como o Centro de Cabotagem Argentino. Atacavam "o senhor Besanzoni, também conhecido pelo pseudônimo de Henrique Lage", e temiam que ele fosse beneficiado por algum tipo de subsídio. Enfim, após três anos de muitos embates, Henrique ganhou a sua tão sonhada linha.

A conquista de Henrique foi durissimamente criticada no Brasil. Um editorial ao jornal *Crítica*, de início de março de 1929, foi direto ao ponto:

> Os manos Lage e seus parceiros da Costeira, não contentes com as gordas cavações feitas no país — consertos feitos no *Minas Gerais* e outros semelhantes — alcançaram voos para fora das fronteiras e, com a habilidade que lhes é peculiar, organizaram também um "panamá" na Argentina.

Dos elementos de que se valeu Henrique Lage para obter do governo Alvear a escandalosa concessão da linha Brasil-Argentina é ocioso falar. É público e notório que a força decisiva dessa negociata foi o prestígio de duas cantoras líricas aposentadas por casamento: Gabriella Besanzoni e Regina Pacini.

Desde 6 de outubro de 1928, os Lage mantinham uma linha permanente regular entre Buenos Aires e Rosário e alguns portos do Sul do Brasil. A ação de Gabriella Besanzoni e Regina teria sido descaradamente inadmissível. Diz que foi considerado por *La Prensa* "nunca se haver assinado entre qualquer governo argentino e qualquer empresa, estrangeira ou nacional, contrato tão despudoradamente imoral".

Após a bem sucedida estadia na Argentina, Henrique Lage e Gabriella Besanzoni embarcaram no luxuoso paquete italiano *Augustus*. O destino era a Inglaterra. Lá, ele iria negociar as compras de barcos. Depois haveria um giro europeu, e, como sempre, uma passagem pela Itália.

O ACIDENTE

Henrique Lage vivia uma grande fase pessoal e profissional em 1928. Em seu terceiro ano como homem casado, a vida não poderia ser mais doce. Gabriella estava cada dia mais bela e sedutora. No auge do sucesso, agora se revelara uma companheira leal na conquista de novos desafios. No campo familiar, ele acabara de obter um grande triunfo contra o irmão Renaud, pois pouco antes de embarcar para a Inglaterra conseguira efetivar Oswaldo dos Santos Jacintho, homem de sua inteira confiança, como presidente da Costeira. Em seu novo giro pelo Velho Continente, uma série de encontros de alto nível estava agendada. Já na Inglaterra estavam marcadas reuniões com importantes autoridades, e na Itália o casal seria recebido pelo rei e a rainha. Pouco antes de partirem, Gabriella presenteara a rainha Helena de Montenegro com um grande topázio brasileiro encerrado em uma caixa de madeira com as armas da Casa de Savoia.

Uma única coisa não fora prevista: um banal acidente em um estaleiro inglês, com consequências decisivas na vida de Henrique. A princípio, o corte na perna não teria sido nada de mais. Henrique nem se preocupou, mas a ferida insistiu em não cicatrizar. O pouco caso com algo em princípio fácil de resolver foi tomando contornos dramáticos. O quadro se agravou e o local infeccionou. Mesmo assim, ele seguiu como se nada estivesse acontecendo. O diagnóstico falava que Henrique contraíra uma bactéria. É bem provável que isso tenha acontecido perto de seu embarque para a Itália.

A hipótese é também sustentada pelo fato de Henrique ter sido medicado pelo médico italiano Giuseppe Bastianelli. Desde o início ficou sugerido como procedimento um enxerto e repouso. Segundo as informações dadas por Gabriella ao seu biógrafo, Henrique não deu a menor importância às recomendações médicas e seguiu sua vida normalmente. Já o historiador Carlos Alberto C. Ribeiro conta que o médico italiano drenou a região infectada, entre o joelho e o pé, mas foi impedido pelo paciente de concluir o tratamento, fazendo o sugerido enxerto. Diz Pedro Brando, auxiliar de Henrique, que "no processo da cicatrização, a carência de tecido, que quase todo fora destruído, dificultou o fechamento da parte operada na articulação do pé". Importante lembrar que o acidente aconteceu antes da descoberta da penicilina e, portanto, os recursos da medicina eram muito limitados.

A única providência prática que Henrique Lage tomou foi em relação ao seu guarda-roupa. Evitava sempre que podia o uso de calças compridas, preferindo bermudas e meias até os joelhos, escondendo um curativo que era refeito diariamente. Logo, a ferida se tornou uma espécie de doença crônica. Ao longo de sua vida, Henrique se acostumou a conviver com este problema médico, que alternava entre períodos tranquilos e momentos dramáticos. No resto nada foi alterado; ele seguiu seu ritmo intenso de trabalho e atividades sociais. Um estilo de vida que alimentava a cronicidade do problema.

Talvez ao fim da década de 1920 a maior preocupação fosse com a política do presidente Washington Luís. Eleito defendendo o lema "governar é construir estradas", ele criou duas vias importantes: a Rio-São Paulo, e a estrada ligando a capital a Petrópolis. Já do ponto de vista das finanças, até houve, especialmente em 1927, certo equilíbrio das contas públicas. No ano seguinte, porém, por conta do déficit comercial, aconteceu certa retração de investimentos, e algumas empresas foram afetadas. Quando a situação parecia melhorar, aconteceu a terrível crise de 1929.

Como se sabe, o Brasil foi duramente atingido. Nossos principais produtos de exportação perderam valor de mercado, e os mecanismos de valoração dos preços do café, base da política da chamada República Velha, derreteram. O quadro econômico já não era favorável, e, para agravar a crise, o presidente Washington Luís resolveu não honrar o "pacto do café com leite" entre mineiros e paulistas, que se alternavam na presidência da República. Surpreendentemente, foi indicado o paulista Júlio Prestes, em detrimento de um mineiro. Foi nesse contexto de crise na economia e na política que surgiu a Aliança Liberal, a chapa de oposição liderada pelo gaúcho Getúlio Vargas e pelo paraibano João Pessoa.

As relações entre Henrique e o presidente eram amistosas. Ele, como empresário que dependia do beneplácito do poder, nem tinha como ser muito agudo com o presidente. Certa vez os dois estavam em Porto Alegre, em novembro de 1927, na primeira vez que o *Araranguá* do Lloyd atracava na capital gaúcha, e houve uma celebração. Em discurso, Henrique fez um discreto desabafo reclamando das "dificuldades com que lutam as empresas de navegação, que não conseguem do poder público o auxílio a que têm direito, principalmente as que, como a Costeira, dispõem de excelentes estaleiros", segundo o jornal *Imparcial* de 9 de novembro de 1927.

Poucos dias mais tarde, no início de dezembro, já no Rio de Janeiro, nos salões do Jockey Club, Henrique participou de um banquete em homenagem ao recém-eleito governador do Rio Grande do Sul, Getúlio Vargas. Ele até então era um homem do sistema, tendo ocupado pouco antes o Ministério da Fazenda do governo Washington Luís. Não se pode afirmar que já houvesse uma amizade entre Henrique e o futuro governador.

Na medida em que a situação política cristalizou duas forças antagônicas, a opositora Aliança Liberal de um lado e as forças governistas de outro, coube a Henrique procurar uma posição de neutralidade. Bem ou mal, ele mantinha relações com os dois grupos, um bom exemplo de como se dava com todos.

Certa noite, Gabriella cantou no palacete do deputado Francisco Pessoa de Queiroz, na avenida Atlântica, em Copacabana. Queiroz era sobrinho do ex-presidente Epitácio Pessoa e homem ligado ao poder oligárquico da República Velha. Estiveram presentes ao evento representantes do corpo diplomático, como o norte-americano Edwin Moses, o argentino Zamora y Araujo e o chileno Alfredo Irarrázaval Zañartu. Também estavam Getúlio Vargas, Lindolfo Collor e Octavio Mangabeira, todos contrários ao Velho Regime.

Os opositores, Vargas e João Pessoa, fizeram um pedido a Henrique, a título de doação de campanha: precisavam de um de seus barcos emprestado. Precavido, e talvez acreditando na força dos governistas, ele achou melhor negar. Henrique Lage não era um homem político; apesar de viver em gabinetes governamentais, manejava com alguma dificuldade suas relações com o poder.

O jogo foi feito, mas com uma aposta errada, e em 24 de outubro de 1930 chegava ao fim a República Velha. Após três semanas de campanha militar, o Brasil começava uma nova era. Um governo provisório foi instalado e o país seria governado por um novo dirigente, Getúlio Vargas, para quem Henrique negara meses antes um grande favor.

Os anos Vargas

Logo após a tomada do poder por Getúlio Vargas e seus companheiros em 1930, se espalhou pelo Brasil um movimento nacionalista na música. Expoentes como Heitor Villa-Lobos, Alexandre Levi e Alberto Nepomuceno, muito inspirados no que acontecia na Alemanha e na Itália, estimularam a concentração de grandes massas em torno de eventos musicais.

A italiana Gabriella Besanzoni embarcou na onda e resolveu levar o caro canto lírico às classes menos favorecidas. Em 1938, ela quase não atuava mais no palco — e com a ajuda do marido virou empresária, criando a S.A. Theatro Brasileiro.

Assim surgiu a ideia de se fazer uma série de concertos, os Popularíssimos Getúlio Vargas. Megaproduções como *Norma* de Bellini e *Aida* de Verdi foram montadas, com grande elenco, a orquestra do Theatro Municipal e quinhentos figurantes, a preços populares. Nada mais democrático e educativo do que levar a arte das elites ao povo. Para tanto, foi organizada uma ópera no campo de futebol do Botafogo, General Severiano, na zona sul da então capital. A imponente montagem tinha tudo para ser um estrondoso sucesso. Assim era na Alemanha, na Itália e até mesmo no Brasil. Em São Paulo, desde o início da década de 1930, multidões se reuniam em torno para apresentações orfeônicas intituladas de "Exortação Cívica".

Os Popularíssimos Getúlio Vargas esbarraram em muitos problemas. A orquestra se indispôs com a empresária Gabriella, que não queria pagar hora extra e exortou os músicos a tocarem ao ar livre por amor à música. Além disso, a "grande montagem" foi marcada por diversos transtornos: cantores sem elementos sonoros e dramáticos, a prevalência do descontrole das vozes, jogo de cena pesado e desprovido de arte e coro menos certo. A imprensa carioca também reclamou do desrespeito ao público: as arquibancadas de General Severiano, situadas muito longe do palco e dispostas de forma lateral, impediam a visão e comprometiam a audição do público, que se desinteressou totalmente pelo espetáculo.

O fracasso da exortação ao presidente não foi o único, e muito menos o principal, revés entre Getúlio Vargas e o marido da empresária musical Gabriella Besanzoni.

Na prisão

Um dos momentos mais obscuros da vida de Henrique Lage foi sua surpreendente prisão no início de novembro de 1930. Pouco antes de sua detenção, ele fora vítima de uma agressão em plena luz do dia na Praça Mauá, região central do Rio de Janeiro. O ato já refletia o clima tenso que tomara conta da capital e do país. A decisão de deter Henrique partira da 4ª Delegacia Auxiliar da Capital, e junto com ele também foi preso o ex-senador pelo Rio Grande do Norte, José Augusto Bezerra de Medeiros.

Que motivos poderiam ter causado a sua prisão? Muito se especulou sobre a questão do não empréstimo do barco aos membros da Aliança Liberal, agora instalados no poder, que poderia ter sido a causa. Sabe-se que a decisão não fora bem digerida em Porto Alegre. Ao mesmo tempo, era sabido que Vargas creditara a atitude ao Palácio do Catete, tendo dito que se tratava de "um ato de mesquinharia".

Pouco antes disso, ainda no governo de Washington Luís, Henrique Lage, apesar de não ter vida político partidária, decidira concorrer nas eleições parlamentares do ano seguinte. Inscrito no 1ª distrito da Capital, ele teria poderosos concorrentes na corrida pela vaga de deputado federal, como Henrique Dodsworth, Evaristo de Moraes e Mozart Lago. Contava muito com os votos dos estudantes da cidade. Acreditava que poderia ser beneficiado pelas ações de Gabriella junto à Casa do Estudante do Brasil, uma entidade pioneira que abrigava universitários pobres no Rio de Janeiro.

Em outubro de 1929, ela resolvera cantar a ópera *Orfeu* nos gramados do estádio das Laranjeiras, pertencente ao Fluminense Football Club, com preços acessíveis e toda renda doada para a obra da Casa do Estudante. O preço de um ingresso para ver a cantora no Theatro Municipal custava muitas vezes "o ordenado de um mês para quem ganha pouco", revelou um jornal carioca. A apresentação foi um sucesso estrondoso, e Gabriella teve, após o espetáculo, dificuldades de chegar até seu automóvel, parado no portão da rua Álvaro Chaves.

Era tanta a confiança de Henrique no voto estudantil que, no início de 1930, foi organizado em sua propriedade na rua Jardim Botânico um *meeting* eleitoral, com a presença, é claro, da esposa, que foi chamada de "benfeitora da mocidade brasileira estudiosa" pelo acadêmico de direito Plínio Edward. No evento foi lançado um manifesto à mocidade universitária da capital federal, que, segundo o *Jornal do Brasil* de 5 de fevereiro de 1930, defendia: "Votar em Henrique Lage, colegas, no pleito de 1º de março vindouro, é concorrer para a doação à Câmara dos Deputados de uma personalidade digna dos verdadeiros legisladores! E animar de um espírito novo e necessário a política nacional."

Comícios bem-sucedidos também aconteceram nas praças Mauá e XV de Novembro, na Ponte de Tábuas no longínquo bairro operário da Gávea e nas escadarias do Municipal. Sua candidatura era do Bloco dos Milionários, junto com Henrique Dodsworth, Paulo de Frontin e Machado Coelho.

O Centro Artístico Regional embarcou em sua candidatura e promoveu um show de apoio com músicos populares, que tocaram sambas, batuques, choros e marchas de carnaval. Foi considerado o maior acontecimento já realizado do teatro popular e ganhou um nome singular: DA' N'ELLA.

Outra entidade que apoiou sua candidatura foi a Convenção Operária, que, em manifesto, demonstrava simpatias pelas eleições dos candidatos governamentais Paulo de Frontin, Henrique e Júlio Prestes.

Nos dias que seguiram ao pleito, foram feitas duras acusações contra Henrique. Ele teria gasto "os tubos" para se eleger, comprando votos no dia da eleição por vinte réis, o dobro do que se pagava habitualmente. Também teria distribuído peixe fresco. Apesar de tudo, e da vitória da chapa do governo, Henrique não foi eleito.

Talvez a ordem que determinara sua detenção, em 1930, tenha partido de algum seguidor de Luís Carlos Prestes — outra hipótese que não pode ser desconsiderada. O ex-capitão do Exército era um dos políticos mais populares do Brasil no início da década. Ele conspirou com os companheiros de Vargas até pouco antes do início do golpe, quando se declarou comunista. O Partido Comunista do Brasil (PCB) tinha uma base forte em Niterói, local de sua fundação em 1922. Apesar de ser uma ilha, as oficinas de Henrique ficavam sob jurisdição niteroiense. Lá os comunistas controlavam muitas organizações de trabalhadores. E foram muitos os embates entre Lage e seus funcionários ao longo dos anos. Nessa época o total de trabalhadores marítimos no país era de 100 mil e a Costeira empregava um terço deles. Em 1924, por exemplo, um movimento grevista fez com que 1.800 homens cruzassem os braços. Segundo Pedro Brando, no dia da prisão de Henrique, o Rio de Janeiro foi tomado por um "alvoroço com um movimento que se dizia de fundo comunista e que encheu de pânico a capital federal".

Foi o próprio Pedro Brando que se organizou para tentar ajudar seu chefe, indo atrás de Afrânio de Melo Franco, amigo de Henrique. Além do mais, Afrânio ganhara de presente da seguradora Lloyd Sul Americano, de Lage, apólices para as suas propriedades.

Ao chegar à casa de Melo Franco, em Copacabana, por volta das 22h, Pedro o encontrou em pleno jantar com amigos. Só após o fim da refeição ele aceitou receber o colaborador de Henrique. A resposta foi curta, "nada posso fazer", mas sugeriu que entrassem em contato com o coronel Bertoldo Klinger, na chefatura de polícia.

Durante a conversa se aproximaram Osvaldo Aranha, um dos homens mais próximos de Getúlio, e Edmundo Luiz Pinto, deputado por Santa Catarina. Ouviu: "Nada! Deixemo-lo lá. Ele não resistirá mais. Vamos quebrá-lo!" A frase fora dita provavelmente por Aranha, pois na sequência o deputado replicou: "Quebrar coisa nenhuma, vocês só conseguem quebrar o Lage dois dias depois da Igreja católica. Não pensem nisso!"

Foi nesse momento que Melo Franco resolveu ajudar e se comprometeu a ligar para o coronel Klinger. Revigorado, Pedro Brando foi procurar em Botafogo Tasso Fragoso, um dos generais da Junta Militar Revolucionária. Ao saber dos fatos, o velho militar disse: "Henrique Lage? Eu mesmo o soltarei!" Imediatamente, escreveu um cartão endereçado ao coronel Klinger exigindo a sua imediata soltura. Não satisfeito, Fragoso redigiu novo documento explicitando que só a Junta Militar teria poderes para encarcerar Henrique Lage. Foi assim que, às duas da manhã, Henrique foi solto.

Mas os perigos ainda existiam, e o quadro político seguia nebuloso. No mesmo dia da soltura, Getúlio tomou posse. Mesmo assim, os colaboradores mais próximos de Henrique acharam prudente que ele tomasse algumas providências. A primeira sugestão foi ele se hospedar incógnito no Palace Hotel, propriedade de uma família amiga. A informação de que ele se esconderia em um hotel da cidade logo se espalhou e foi decidido que o mais prudente seria pedir asilo em alguma embaixada.

Nessa época a família de Gabriella morava em um palacete na rua das Laranjeiras, 148, vizinho à Embaixada da Itália. A suntuosa casa, propriedade da diva, expunha fotos de algumas personalidades do mundo político — do presidente Alvear, da Argentina, dos reis da Espanha, da princesa italiana Maria de Savoia e do rei Vitor Emanuel e sua esposa Helena, e ainda o retrato autografado de Benito Mussolini, o Duce. Logo, o mais lógico seria ir à embaixada pedir asilo. Para surpresa de todos, só Gabriella e as mulheres que estavam com ela, provavelmente sua mãe e sua irmã Adriana, que tinham acabado de voltar de Buenos Aires, foram recebidas. Alegando que só recebiam italianos, barraram a entrada de Henrique.

Foi nesse momento que o grupo resolveu buscar ajuda na Embaixada do México. Lá já se encontravam as famílias do ex-ministro Otávio Mangabeira e do presidente deposto Washington Luís. Henrique foi abrigado pelo embaixador Alfonso Reyes. Sem saber exatamente o motivo da perseguição, era melhor se afastar do país e esperar no exterior a definição do quadro político.

O casal se reencontrou na Itália. Assim que chegaram, Gabriella subiu ao palco na cidade de Gênova. Cantando o *Baile de máscaras* de Verdi no Teatro Carlo Felice, a "rouxinol dos dois mundos", segundo os jornais italianos, teve nova recepção apoteótica e foi obrigada voltar ao palco para agradecer o público 32 vezes.

Enquanto esperava pelo clareamento do quadro político no Brasil, Henrique acompanhou a turnê exitosa da esposa em 1931 pela Itália. Ela se apresentou nos mais renomados palcos de seu país, no Ópera Real de Roma e no mítico Scala de Milão. Durante seu exílio na Europa, suas empresas foram sendo administradas pelos seus mais fiéis colaboradores.

Desde o início da década de 1920, Henrique contava com rede de fiéis ajudantes. Eram cinco homens, os Big Five: Oswaldo dos Santos Jacintho, Dias da Rocha, Álvaro Lage, Ernani Cotrim e Eduardo Ferreira. Eram eles que, na ausência, e especialmente na presença de Henrique, administravam seus complexos negócios. O chefe era um homem que muitas vezes administrava mais tocado pelo entusiasmo do que pela razão. Carlos Alberto C. Ribeiro chegou a afirmar que seus colaboradores "tentavam 'frear' as ações que julgavam inoportunas". Uma relação confusa, já que em muitas ocasiões Henrique tentava jogar seus colaboradores uns contra os outros para se impor. Segundo outro importante membro de sua equipe, Thiers Fleming, para conseguir essa divisão, ele era não era firme com seus comandados.

A REAPROXIMAÇÃO

As primeiras ações de reaproximação de Henrique com o governo Vargas aconteceram de forma surpreendente ainda em 1930. No fim do ano, mais exatamente por conta do Natal, o ministro do Trabalho Lindolfo Collor resolveu distribuir alimentos para 30 mil pobres. Com a intermediação de Rodolfo Bergamini, interventor do estado do Rio de Janeiro, Henrique colaborou com a doação de sacas de café, carne-seca e sal. Além da participação em ações populistas, outro ponto importante ligava Henrique ao novo governo: o nacionalismo.

Vargas chegara ao poder muito por conta da violenta crise econômica de 1929. Após a quebra da bolsa de Nova York, os preços dos produtos de exportação do Brasil, em especial do café, tinham derretido. O esquema financeiro que mantinha a política de beneficiamento do café, pilar maior da República Velha, a turma do café com leite, havia sofrido um baque mortal. Portanto, o novo governo teria que ser pragmático no sentido de reverter o difícil quadro financeiro do país. Copiando práticas econômicas que já vinham sendo aplicadas por governos de outras nações, o governo Vargas fez pesadas intervenções na atividade econômica, todas com um viés nacionalista.

O novo ministro da Fazenda, e desafeto de Henrique, Osvaldo Aranha, centralizou e fortaleceu os poderes do Banco do Brasil em detrimento dos agentes privados, ao mesmo tempo que atacava os maiores problemas do poderoso setor cafeeiro — excesso de produção, queda do preço e do consumo. Também foi muito hábil em renegociar a dívida externa brasileira. Diferentemente de outros países, inclusive os Estados Unidos, em 1932, o país já apresentava crescimento positivo, e com uma novidade: o setor industrial começava a ser mais pujante que o rural. Desse modo, não fazia sentido um dos maiores empreendedores do país não estar presente em um momento tão próspero.

As empresas de Henrique, como todas no Brasil em 1930, passaram por ajustes. Com o patrão no exterior, coube ao colaborador Álvaro Dias da Rocha fazer importantes mudanças, alteração de contratados, supressão de linhas e aquisição de novos barcos. Outra medida relevante foi a centralização das direções de frete da Costeira e do Lloyd Nacional no mesmo endereço. Assim, alguns Aras (*Araraquara, Araçatuba, Aratimbó* e *Araranguá*) passaram a navegar com a bandeira da Costeira. Essas medidas não só melhoraram o aproveitamento da tonelagem transportada pelos barcos de Henrique como também aumentaram a rentabilidade das duas empresas.

Porém, ao retornar ao Brasil, nem tudo foram flores na vida de Henrique. Para o Ministério da Viação e Obras Públicas fora nomeado o paraibano José Américo de Almeida, que, segundo Pedro Brando, detestava tanto Henrique Lage que nem podia escutar seu nome. O novo ministro foi assim descrito pela escritora cearense Rachel de Queiroz em seu livro autobiográfico, *Tantos anos*: "Sendo embora um grande escritor, mostrava-se extremamente provinciano no seu *approach* pessoal; na verdade era um homem sofisticado intelectualmente, muito culto, muito lido, muito talentoso e, sobretudo, extraordinariamente inteligente. Mas falava como paraibano — paraibano do povo. Me chamava de Raquer [...]." Era com ele que o grupo Lage deveria tratar.

Apesar da rápida recuperação da economia nacional, a Costeira fora duramente atingida com a desvalorização da moeda nacional em função da crise internacional. Endividado com estaleiros fora do Brasil, em especial com o Cantieri Riunitti Del'Adriatico, Henrique se viu diante de uma difícil situação. Ele parara de pagar as prestações dos Aras encomendados pelo Lloyd Nacional. De acordo com Carlos Alberto C. Ribeiro, "o atraso do pagamento das prestações relativas à construção dos navios *Aratimbó*, *Araçatuba*, *Araraquara* e *Araranguá*, cujo valor principal da dívida contratual é de 303.392 libras (380 milhões de reais), em 1931 a aproximadamente 19 mil contos de réis, mais juros de mora, despesas e custas". O contrato dizia que os próprios barcos eram a garantia do pagamento. Assim, caso ele não honrasse suas dívidas, sua frota seria drasticamente diminuída.

Henrique, assinara contrato com o estaleiro italiano em 1926, tendo a moeda inglesa como base. A libra esterlina era contada em 33 mil réis, e cinco anos mais tarde estava valendo quase o dobro, 63 mil réis. Não houve jeito, Henrique foi obrigado a negociar por meio do Ministério da Viação e Obras Públicas com o Banco do Brasil. Ele pedia 3.500 contos de réis para salvar sua frota e oferecia em garantia, mais uma vez, os próprios barcos. Deve ter sido bem duro para Henrique ter escutado um grande e sonoro "não" e ver José Américo discutir tema tão sofisticado sem se apartar de seu folclórico linguajar.

Sem ter como honrar seus compromissos, Henrique sofreu um duro revés. Doze navios de sua frota e mais um terreno em Niterói foram penhorados. Na prática, esses barcos deveriam parar de navegar, uma medida que paralisaria parcialmente a navegação de cabotagem do país.

No entanto, fora designado para ser o depositário dos barcos o jovem tenente gaúcho Napoleão de Alencastro Guimarães. O rapaz era um revolucionário de primeira hora e entendeu que seria um prejuízo para o Brasil a ancoragem dos barcos. Não só se recusou a ser mero depositário como colocou em tráfego todas as doze unidades, criando a denominação Lloyd Nacional–Frota Penhorada. A manutenção dos barcos em atividade foi providencial para que o acordo entre Henrique e os italianos fosse honrado. O apurado com os fretes garantia o faturamento e o consequente pagamento dos compromissos com o estaleiro europeu.

Outro ponto de contato entre o novo regime instalado em 1930 e Henrique Lage passou pela questão do mundo do trabalho. Desde o fim do primeiro ano do governo provisório, ocorrera a aproximação com Lindolfo Collor. Os dois tinham uma paixão em comum, ternos brancos. Henrique, que empregava milhares de pessoas, poderia colaborar muito nesse sentido.

Os trabalhadores de diversos setores da atividade naval eram razoavelmente organizados. Desde o sucesso da Revolução Russa, em 1917, havia uma inequívoca ascensão comunista entre os trabalhadores e suas organizações classistas. Um dos objetivos do novo regime brasileiro era se apropriar do comando da vida sindical e abafar qualquer possibilidade de domínio bolchevique. Comandando tantos empregados espalhados por todo o território nacional, Henrique virou um parceiro estratégico desde o aparecimento das primeiras leis trabalhistas, em especial as sindicais, no início de 1931. Mesmo não sendo obrigatória a sindicalização, havia a necessidade de reconhecimento de toda agremiação por parte do Ministério do Trabalho.

Poucos meses após a criação das leis trabalhistas, surgiu o Sindicato dos Empregados e Operários da Companhia Nacional de Navegação Costeira, com o expressivo número de filiados, cerca de 1.900 trabalhadores. Em 1932, sempre com apoio do empresário, foi criada a Caixa de Socorros Ita, com a finalidade de dar assistência médica, dentária, farmacêutica, cultural e financeira, além de fornecer mercadorias a preços baixos aos trabalhadores da empresa. Esses benefícios logo foram estendidos aos demais negócios de Henrique.

Contudo, os eternos problemas financeiros e jurídicos de Lage sempre alcançavam seus empregados, o elo mais fraco. No início de 1934, por falta de pagamento dos salários, houve uma greve dos trabalhadores da Costeira, e durante 24 horas os braços ficaram cruzados. O jornal *A Esquerda* denunciou sete meses de atraso salarial. Henrique, com apoio do ministro do Trabalho, Indústria e Comércio, Arnon de Mello, manobrou rapidamente, fechou as oficinas e reuniu os funcionários. Escorado pelo serviço de segurança que existia na ilha do Vianna, falou das dificuldades financeiras da empresa. A resolução de situações desse tipo não atendia apenas aos grevistas. Para Henrique, era fundamental a fim de manter seu bom relacionamento com o governo Vargas. Em seu império agora ele empregava 10 mil trabalhadores.

Também é importante lembrar que Henrique tinha uma visão bem particular sobre como uma pessoa bem-sucedida deveria gastar seu dinheiro. Ele gostava de falar dos "maus ricos, cuja única preocupação era guardar dinheiro, acumular juros, e de juros e mais juros, de um movimento que não representa o movimento de forças, viver uma vida despreocupada e inútil". Foi com esse espírito que ele desenvolveu um empreendimento imobiliário, um bairro operário em Neves, município de São Gonçalo, no Rio de Janeiro, assim descritos pelo historiador Carlos Alberto C. Ribeiro: "[Eram] moradias pequenas, de um pavimento com dois quartos e residências grandes, de dois pavimentos com cinco quartos, custando cada uma ao empresário respectivamente 20 contos de réis e 40 contos de réis, e alugadas aos trabalhadores por 100 mil réis e 150 mil réis."

Não era a primeira vez que Henrique construía algo para seus empregados. Muitos anos antes da legislação de proteção ao trabalho, ele já havia criado um bairro operário inteiro na localidade de Maruí, zona norte de Niterói. Para a época, 1927, uma obra de vulto. Uma avenida principal de 40 metros de largura, três praças ajardinadas, uma igreja, um clube social, uma agência dos correios e duas enormes cisternas. No local foram erguidas 400 casas, sendo 250 delas de dois pavimentos. Moradias de até cinco quartos, muitas com duas salas, copa e cozinha, e serviço de gás. O empreendimento ficava a dez minutos de bonde até o cais de embarque para a ilha do Vianna. No mesmo ano, Henrique já inaugurara o Hospital do Lloyd, na rua do Resende, 154. Com instalações bem modernas para receber os acidentados do trabalho de suas empresas, o hospital contava com duas enfermarias, cada uma com 32 leitos, quartos privados para pacientes particulares, e o mais moderno aparelho de raios X da cidade.

Henrique também participou dos esforços de melhorar a educação no país. Em 1933 começou a apoiar o diretor da Instrução Pública, o educador Anísio Teixeira, em sua Cruzada de Educação, um movimento que pretendia levar escolas para todos e levantar verbas para o custeio de cinquenta instituições primárias na capital do país. A meta era alfabetizar os 100 mil analfabetos só da cidade do Rio de Janeiro. Henrique doou para duas escolas o total de 90 contos de réis. Seus esforços pela educação também ocorreram em Santa Catarina, na cidade de Imbituba. Lá ele construiu a mais moderna escola do estado, o Grupo Escolar Henrique Lage, com seis classes para atender 335 alunos, filhos de seus empregados.

Apesar de a imprensa de esquerda afirmar reiteradas vezes que Henrique era um homem odiado por seus funcionários, e que a pior atividade que existia no Brasil era a de marítimo, em 1936 os empregados da Costeira, demonstrando gratidão, inauguraram o retrato do velho Tonico Lage nas instalações da companhia de navegação.

Outro ponto fundamental que ligou Henrique ao regime instalado em 1930 foi a visão nacionalista. No processo de recuperação econômica, derivado da crise de 1929, o nacionalismo brasileiro nasceu com uma visão do fortalecimento do Estado, e na prática isso resultou na maior participação estatal na economia. Com o quadro econômico agravado pela perda de valor dos nossos produtos de exportação, optou-se pelo fortalecimento da indústria nacional. Logo após a chegada de Vargas ao poder, a política do carvão foi redesenhada. A ideia inicial era obrigar a adaptação da frota mercante ao carvão nacional como forma de desenvolver a produção brasileira do minério. Bastavam 10% de mistura do produto nacional, e uma sobretaxa ao similar importado, para que o estímulo tivesse consequências muito positivas.

A questão foi acolhida pelo novo governo após estudos de uma comissão. No fim de 1931, uma nova legislação foi decretada. De acordo com Carlos Alberto C. Ribeiro, "o decreto n° 20.089, com importantes medidas, [...] autoriza a Estrada de Ferro Central do Brasil e o Lloyd Brasileiro a contratar, em nome do governo Federal, com as companhias nacionais de mineração de carvão toda a produção de carvão nacional disponível; concede favores às empresas carboníferas e de navegação; e estabelece a obrigatoriedade do consumo de dez por cento de carvão nacional".

De certa forma, era algo defendido por Henrique havia muito tempo. Nunca antes as condições para a exploração do produto catarinense tinham sido tão favoráveis. Agora ele já não tinha mais motivos para seguir resmungando com uma de suas maiores reclamações, segundo Pedro Brando: "Ai, meu Santo Antônio! Não me deixam trabalhar!".

O Parque Lage

Arte chinesa de cinco dinastias, dois vasos grandes da era Ming cobertos de dragões dourados guardam a entrada do palco em que fremem as águas da piscina cobertas de folhas de vitória-régia, onde batráquios de bronze lançam água. No salão luxuoso, mármores das jazidas da Gandarela. A sala de jantar ostenta uma mesa de carvalho que se estende de baixo da trave pesada que suporta as luzes, como em um castelo medieval. À direita o salão japonês, à esquerda o salão romano; quadros e jarrões floreiam o ambiente. Uma sala azul atapetada com um quadro a óleo de Henrique Lage. Três andares, 24 cômodos; azulejos, mármores, ladrilhos importados da Itália. Um teatro. O quarto de Gabriella continha quatro espaços, duas salas de vestir, uma de estar e uma de banho. O luxo do palacete não humilha, conforta. Assim o *Diário Carioca*, em 26 de maio de 1934, descreveu a propriedade de Henrique e Gabriella ao longo do início do século XX:

> Uma réplica perfeita de um *pallazzo* romano. Uma construção quadrada que tinha como centro uma grande piscina de pedra. O reflexo das colunas do pátio na água dava certa leveza ao todo, humanizando um pouco a casa que não tinha nada de aconchegante. Muito mármore, muito eco, muito ouro, era o cenário perfeito

para uma grande atriz trágica. Esta tornou-se a casa de Henrique e Gabriella [...].

Já a sobrinha-neta de Henrique, Eliane Lage, que frequentou a propriedade desde a década de 1930, em seu livro de memórias a descreve assim:

> A propriedade ficou conhecida como o Parque Lage. Nome apropriado, pois o parque em volta da casa, este sim era mágico. Duas alamedas ladeadas de imensas palmeiras imperiais subiam em curva até o porte-cochère e, atrás da casa, quase engolindo-a, a floresta virgem impenetrável. No alto, o Cristo Redentor, praticamente ao alcance da mão.

A escritora Marina Colasanti, sobrinha de Gabriella, que viveu no Parque Lage em meados do século passado, em seu livro *Minha tia me contou*, lembra assim da propriedade:

> Tinha também 14 cachorros, todos pequineses — alguns menos pequineses que os outros, meio vira-latas, mas ela não queria ouvir falar nisso. Na casa da tia tinha um papagaio. Porque papagaio pode aprender a cantar. Todo dia ao descer, quase na hora do almoço, depois de já ter tomado o café da manhã no quarto, ter feito seus exercícios de voz no banheiro, ter se empenhado na longa operação da maquiagem, a tia ia postar-se diante do poleiro na varanda, e cantava [...].
>
> [...] Enquanto no castelo morava o silêncio, na casa da tia vivia a música. Ali cantava-se. Cantava a tia, que havia sido cantora, cantavam os amigos que vinham visitá-la, cantava uma outra tia mais moça que havia anos estudado canto sem grandes resultados, cantava a cozinheira na cozinha, a lavadeira cantava, cantava a menina bem baixinho [...].

[...] Os tempos de ópera a tia guardava em muitas histórias, em duas gavetas entulhadas de fotografias e num armário trancado, cheio de figurinos. Um quarto, não um armário. Um quarto que continha tesouros, como os de Ali Babá, só que com chave [...]. Nos armários que cobriam todas as paredes, estavam pendurados os trajes de cena. Nenhum tecido era simples como os da mãe da menina ou mesmo os daquelas com que, no dia a dia, a tia se disfarçava de pessoa comum. Tudo era precioso, cintilante. Os corpetes bordados tinham o peso das pedrarias, as saias se sobrepunham em transparências, as rendas espumavam nos decotes, nas anáguas, nos punhos das camisas, e as franjas pesadas de seda ou de ouro se enroscavam ao fundo como serpentes, arrematando mantos e saias tão longas que não lhes bastava a altura dos armários [...]. E as caixas, as chapelarias, os baús se empilhavam onde lhes fosse possível, guardando, como nas histórias, os tesouros mais ricos [...].

[...] Eram os adereços. Coroas de ouro cravejadas de pedras, pulseiras, tiaras de brilhantes, chapéus de plumas, anéis, boás, e tantas pérolas, em colares, brincos, pendentes, algumas já foscas pelo tempo, outras cintilantes irisadas como se ainda contidas em ostras. Tudo falso, falsas as pedras, as pérolas, falso, tão falso ouro [...].

A própria Gabriella relatou a seu biógrafo, no fim da década de 1950, o seguinte:

A casa que tínhamos fora construída no meio do Jardim Botânico, era realmente preciosa, enormemente grande, muito espaçosa, rodeada de jardins, e no centro do edifício uma piscina tão grande como uma *plaza de toros*. O estilo da casa era neoclássico. [...] Chegamos a convertê-la em um conservatório de canto. Tinha nove estúdios separados, cada um com seu piano e seu maestro.

Não se pode escrever a história de Henrique Lage sem falar de sua esposa; não é possível falar do casal sem citar a sua residência no bairro do Jardim Botânico; e é impossível entender a expansão do Rio de Janeiro sem compreender qual foi a importância da construção do Parque Lage. Se hoje essa região da zona sul é uma das mais valorizadas da cidade, isso só foi possível não apenas pela presença de uma das mais ricas famílias do país, mas principalmente pelo que representou o prédio na vida política, social e cultural da então capital do Brasil.

Os Lage, desde 1826, eram donos de terras em uma região ainda muito remota e afastada do núcleo urbano. A propriedade até então pertencera ao conselheiro João Rodrigues Pereira de Almeida e se entendia desde as margens da lagoa Rodrigo de Freitas, na praia do Padeiro, até os atuais limites do Parque Lage, no pé do Corcovado. Era uma típica chácara agrícola. A aquisição fazia parte da prática dos Lage de investir em terras.

No ano seguinte, 1827, Antônio Martins Lage fez uma pequena benfeitoria, construindo um muro de contenção contra as cheias da lagoa. O mais importante melhoramento empreendido pela família Lage, contudo, só aconteceu por volta de 1840, quando o paisagista inglês John Tyndale projetou um jardim de clara inspiração romântica, com o represamento de um riacho para fazer uma pequena cachoeira, três lagos, um aquário, uma torre e uma gruta.

No local, já havia uma "bela casa", segundo um anúncio classificado de aluguel publicado na imprensa carioca em 1839. Pouco se sabe sobre esse imóvel. A única certeza é que, por volta de 1859, quando a propriedade, por herança, mudou de dono, passou a ser chamada de Parque dos Lage. O estilo administrativo da família sempre marcado por altos e baixos fez com que eles acabassem perdendo o imóvel. Só no início do século XX Henrique recomprou essas terras.

Não fica muito claro quando começaram as obras de construção do atual prédio. Sabe-se que em 1920, ou seja, quando ainda nem existia Gabriella em sua vida, Henrique foi multado pela prefeitura por ter usado explosivos para quebrar pedras. No ano seguinte, em 1921, o jornal *Correio da Manhã* acusou-o de estar construindo um palacete na lagoa Rodrigo de Freitas com material importado desviado da ilha do Vianna. Na edição do dia seguinte, os leitores foram informados que Henrique fora pessoalmente à redação levando as notas e comprovando que recolhia devidamente os impostos.

Uma carta publicada no jornal *O Globo*, em fevereiro de 1988, por um membro da família Colasanti, um sobrinho de Gabriella, conta que a obra começou em 1922, só sendo retomada após o matrimônio, em 1925: "O projeto original, segundo especificação de Henrique Lage, foi feito pelo engenheiro Arthur Rocha e, posteriormente, em 1927, foi contratado o arquiteto italiano Mario Vodret, um profissional consagrado pelos seus projetos em La Spezia, Roma e Milão. O projeto nunca foi modificado por dona Gabriella, que deixou tudo a critério do marido, inclusive porque em períodos alternados viajou à Itália." Outra versão é de que o imóvel passou por diversas reformas, sendo a principal em 1929, sob comando do engenheiro Manoel Maia.

Em 1933, Henrique disse aos jornalistas de *A Nação*, em 10 de agosto de 1933: "Ninguém quer saber mais senão das habitações rápidas simples, quase integralmente de cimento armado. E nós temos uma natureza tão linda. Em breve, o solar estará inteiramente pronto. Eu mesmo risquei a planta, meio mouro, um pouco *pompeano*."

A verdade é que, diferentemente de outras propriedades de grandes proporções da cidade, como o palacete de Eduardo Guinle nas Laranjeiras, ou a mansão de Carlos Guinle na praia de Botafogo, a propriedade de Henrique ficava em local considerado, até meados da década de 1930, subúrbio carioca. A região que compreende o atual Jardim Botânico, à beira da lagoa — partes do atual Leblon e São Conrado —, era chamada de Gávea. Outro fato revelador é que as propriedades dos Guinle foram sempre alvo de seus adversários. O escritor e jornalista Lima Barreto, por exemplo, em seu livro *Os Bruzundangas*, foi duríssimo com eles, o mesmo não aconteceu com Henrique, um empresário que colecionou desafetos ao longo da vida, mas nunca foi alvo de nenhum cronista carioca de relevo.

Na zona sul da cidade, a área que mais se valorizava após a modernização do prefeito Pereira Passos era a da orla marítima. Nos anos 1920, Copacabana começava a se tornar a queridinha dos endinheirados, enquanto a Gávea era um subúrbio tomado por fábricas, vilas operárias e moradias insalubres na beira da lagoa Rodrigo de Freitas. O próprio Parque Lage era vizinho de muro da gigantesca Fábrica de Tecidos Corcovado.

Um dos maiores cronistas da cidade na década de 1930, Genolino Amado, em seu livro *Os inocentes do Leblon*, escreveu sobre a gente do Rio, desde Copacabana aos subúrbios, do Centro urbano às matas virgens da Tijuca. Escreveu uma reportagem para um jornal vespertino sobre a gente pobre.

Para ver o movimento nas estações de trem, Genolino foi bem cedo visitar a Penha, Madureira, Meriti e o Encantado, enquanto as "moças de Copacabana voltavam do baile". Em seu relato, ele descreveu o cotidiano duro de uma caixeirinha, que quando chegava finalmente à sua loja no Centro já estava cansada. Ela era uma verdadeira heroína carioca; ao voltar para casa, "era recebida pelas árvores em flor, pelos pássaros que estão cantando porque não têm o que fazer. Borboletas que descem do morro e dançam diante dela, numa confusão de cores trêmulas". A caixeirinha morava na Gávea.

A imprensa carioca também denunciava a "fedentina horrenda, estonteante, nauseabunda" que exalava da pútrida e encantadora lagoa e empesteava as áreas vizinhas. Havia uma faixa de pântano que ia desde a fábrica de tecidos (imediações da Hípica) até a praia do Pinto (atual Selva de Pedra no Leblon). Toda a região era infestada de mosquitos, problema só atacado pela prefeitura no início dos anos 1920.

Não fazia muito sentido um casal bem-sucedido como Henrique e Gabriella trocar o conforto de sua residência na ilha de Santa Cruz para morar em local tão precário.

O bairro, no entanto, começou a mudar ao longo da terceira década do século passado. Primeiro em 1926, com a inauguração do elegante Hipódromo da Gávea. Apesar de ser ponto de encontro da elite, não era um empreendimento residencial. O segundo imóvel que conferiu algum glamour ao Jardim Botânico foi o Solar Monjope, em frente ao Parque Lage. Construído pelo obcecado colecionador de obras de arte brasileiras do período colonial, José Mariano, o casarão era uma cópia de uma construção do Brasil Colônia. O imóvel ganhou notoriedade, pois suscitou um debate sobre o seu valor arquitetônico. A partir de 1928, o casarão passou a ser frequentado por visitantes ilustres da cidade, e sempre era citado pelos jornais como um lugar de excelência. Outra conquista fundamental para a região foi a chegada de instalações telefônicas em 1930.

Não se sabe exatamente quando Henrique e a esposa foram de fato morar lá, mas é possível observar como foram aos poucos utilizando, e com que finalidades, o Parque Lage. Em 1925, no mês de setembro, portanto já casado, foi organizado um *garden party* beneficente em favor do Jesus Hospital. Apesar da presença da imprensa, não se falou uma única linha sobre o palacete. Posteriormente, durante a frustrada campanha eleitoral de Henrique, mais uma vez os jardins foram usados para reuniões políticas.

Outro detalhe curioso é o nome da propriedade. Não se usava o nome Parque Lage. Talvez pelo fato de ter sido um local pouco frequentado até o início dos anos 1930, a propriedade recebeu diferentes denominações: Villa Gabriella, Chácara do Senhor Lage etc.

Eliane Lage, sem precisar a data — certamente a década de 1930 —, afirma ter ocorrido um grande desentendimento familiar na ilha de Santa Cruz. Ela era ainda uma menina literalmente abandonada pelos pais. O pai Jorge, sobrinho de Henrique, se comportava como um jovem milionário e nunca tinha tempo para a filha. A mãe, a inglesa Margie, abandonou o marido e a filha e retornou para seu país. A criança foi educada pela governanta vinda da Inglaterra, Miss Harris.

Quando Gabriella foi morar na ilha, se apaixonou pela jovem. Eliane contou que "tinha uma grande sensação de prazer ao ser abraçada, quase sufocada, enquanto a voz de veludo repetia '*Bambina, bambina mia*'". A cantora e a governanta não se entendiam bem, a inglesa exigindo um comportamento britânico e a italiana adoçando a vida de Eliane com a descontração latina.

O objetivo de Henrique e Gabriella era adotar a sobrinha, pois ela era totalmente negligenciada pelo pai. O casal foi conversar com o sobrinho playboy e escutou um raivoso "não!". O clima então ficou azedo na Ilha de Santa Cruz... Tio e sobrinho pararam de se falar. Esse evento pode ter coincidido com o fim das obras do palacete da Gávea e talvez o casal tenha resolvido que era hora de se mudar.

Uma nota divulgada na imprensa da cidade aponta o dia 18 de janeiro de 1935 como data da inauguração oficial da residência. O mais provável é que nessa data a obra tenha chegado ao fim. É possível que o casal já habitasse o imóvel. O palacete tinha uma complexa logística, muitos empregados, jardineiros, porteiros e motoristas. A seu biógrafo, Gabriella revelou que eram quinze funcionários. No entanto, antigos moradores do bairro falam em até cinquenta pessoas. Alguns eram mais próximos do casal, como o motorista espanhol Jacinto Martinez, o porteiro Manuel Lopes Moreira e um jardineiro português.

Mesmo com poucas informações, é possível reconstruir o cotidiano da vida do casal. Uma delas dá conta de que o consumo mensal de uísque era de 1 milhão de cruzeiros (aproximadamente 14 mil reais). A cifra exagerada permite imaginar que a casa tivesse sempre cheia. Gabriella também contou ao biógrafo que certa vez foi com o marido até a horta e se espantou, pois só se produzia couve-flor.

Perguntou então ao jardineiro se não era possível, por exemplo, plantar alface. Claro que era, bastaria ordenar, ali dava de tudo. Quando seu papagaio de estimação sumiu, ela não mostrou nenhum interesse em ir procurá-lo pelos jardins. Logo podemos intuir que Gabriella pouco passeava pela propriedade.

O sucesso do Parque Lage, e do bairro do Jardim Botânico, foi lentamente construído ao longo dos anos 1930. Essa pacata e longínqua região da cidade foi se transformando em um dos locais de maior agitação cultural da capital.

Nessa época, Gabriella foi aos poucos se afastando dos palcos e se transformou em empresária do setor artístico. Foi assim que surgiu a ideia de transformar seu palacete em uma espécie de conservatório. Seus melhores alunos eram escalados para suas montagens operísticas no Rio e em outras cidades. Era comum Gabriella receber em sua casa jornalistas, que sempre incluíam em suas matérias o deslumbre que era o palacete.

Assim, o parque Lage foi se transformando em um endereço cultural de destaque. As maiores personalidades internacionais que visitaram o Rio de Janeiro nessa época também passavam por lá.

Em meados da década, ficou claro que Henrique acreditava no potencial do bairro. Propôs à prefeitura a construção de um jardim modelo às margens da lagoa. Ele pagaria tudo, e em troca queria uma licença para explorar o serviço turístico de sobrevoos com hidroaviões que amerissariam em suas águas. A ideia levada ao prefeito interventor, Olímpio de Melo, era usar as terras da construção do futuro metrô da cidade no aterro da orla da lagoa. O pleito não foi aceito.

As festas

Tão ou mais importantes foram as festas realizadas pelo casal. Reunindo políticos, empresários e a classe artística, os festejos no palacete tinham um toque cênico único. Em geral, eram festanças temáticas, e decoradores ou cenógrafos eram contratados para criar ambientações exclusivas, com a iluminação realçando os encantos da casa e dos jardins. Como se fosse uma ópera, figurantes, quase sempre do sexo feminino, eram espalhados pela casa. A combinação de champanhe servido com fartura, belas e jovens mulheres e a imensidão de seus sensuais jardins tropicais construíram uma fama que ainda hoje persiste na alma da cidade, as festas do Parque Lage.

Na primeira semana de dezembro de 1934, em muitos setores da sociedade carioca só se comentava uma coisa: A Noite Romana, a festa oferecida pelo casal Lage em seu palacete. A decoração ficara a cargo do badalado artista Gilberto Trompowsky, e segundo os jornais tudo fora muito feérico. Sem a publicação de nenhuma imagem, tudo acabou ficando ao sabor da imaginação dos leitores.

Dos balcões da casa caíam nobremente tecidos de cores vivas, jorros de água brincavam na piscina, legionários riam, gladiadores tropeçavam. Entre as mais ilustres figuras da República brasileira e da Roma Antiga, senadores e patrícios rodopiavam ao som do cantor Eddie. O champanhe espocava e os pombos voavam. Gabriella estava disfarçada de Orfeu e adornada por um sem-número de pérolas. Escravas romanas entretinham a nobreza. Calígulas e Agripinas pioraram sua péssima reputação entre as árvores gigantescas e a floresta elegante repleta de lagos.

"O que de fato teria acontecido no Parque Lage?", perguntavam-se os cariocas.

Os detalhes da Festa Romana jamais serão conhecidos. O casal Lage estava apenas usando, mais uma vez, os encantos de sua bela propriedade como forma de estreitar seus laços com os próceres da República. Mas seria um exagero imaginar que no Parque Lage todas as festas tinham essa dimensão extravagante? Ao longo da década de 1930 ele foi usado pontualmente dessa forma, mas essas exceções é que acabaram por fazer a fama de suas festas.

O palacete foi muito mais usado para recepcionar visitas ilustres de passagem pelo Rio, como palco para eventos políticos de interesse de Henrique e, principalmente, a fim de promover as atividades artísticas de Gabriella. Um segundo evento pago foi um piquenique nos jardins da propriedade que aconteceu em 1931. Os homenageados eram Italo Balbo e as tripulações dos hidraviões italianos que tanto sucesso fizeram ao cruzarem o Atlântico, de forma inédita, em formação de esquadrilha. Uma massa foi ao Parque Lage ver de perto os heróis da Itália fascista, não ficando claro quem ficou com o dinheiro arrecadado. Quatro anos mais tarde, para um grupo mais restrito — outro evento pago, 12 mil contos por pessoa —, aconteceu um elegante *five o'clock tea*, sem que mais uma vez ficasse claro quem seria o beneficiado com a arrecadação.

O ano de 1937 foi pleno de atividades. Não foram poucas as personalidades do mundo político e cultural que passaram pela residência do casal Lage: o embaixador, e futuro vice-presidente argentino, Julio Roca; a missão cultural uruguaia, recepcionada com um concerto de Heitor Villa-Lobos, em evento organizado pela Academia Brasileira de Letras (ABL); e a poeta chilena Gabriella Mistral, agraciada com um baile. Outro grande evento do ano foi o lançamento de Besanzoni como empresária, com discurso da líder feminista Berta Lutz e saudações ao aniversariante do dia, o jornalista Roberto Marinho. Em 1938 foi a vez da visita do compositor e maestro francês Henri Rabaud.

No mesmo ano, o Parque Lage abrigaria sua mais gloriosa festa, tanto pelo número e pela importância dos convidados como pelo luxo e glamour. Ao longo dos dias, a imprensa carioca transbordou excitação pelo evento. O traje para homens seria jaqueta ou casaca. O colunista Puck, de *A Noite*, deu uma prévia do que aconteceria:

> O grande jardim, que toda a sociedade já conhece pelas festas deslumbrantes que ali se realizam, completamente transformado, apresentará esse panorama que permitirá a nossa *"haute-gomme"*

> reviver os encantos das noites venezianas [...]. Um grande tablado para as danças terá como *décor* o lago, onde gôndolas farão evoluções artísticas ao som de melodias típicas italianas. Nas alamedas, em pequenas mesas será servida a ceia. As palmeiras serão iluminadas em várias cores.
>
> A Veneza que veremos não será a da praça de São Marcos [...], será a Veneza poética e romântica dos pequenos canais, onde as gôndolas deslizam suavemente, ao som de melodias amáveis que nunca mais deixam a memória [...].

A festa em homenagem à oficialidade da 7ª Divisão Naval italiana seria na romântica cidade da Itália. "Veneza seria transportada para o Rio", diziam os jornais. Mais de mil convidados eram esperados. Para animar, a Alexander's Ragtime Band, vinda do café Lambert de Londres. Estariam presentes o comandante Oduardo Somigli, oficial italiano, o presidente da República Getúlio Vargas, o ministro da Guerra Eurico Gaspar Dutra, e Osvaldo Aranha, ministro das Relações Exteriores.

Nos dias seguintes, a imprensa carioca, extasiada, repercutiu o glamour do acontecimento social tão badalado:

> Uma festa de mil e uma noites. Os anais da elegância da capital da República tiveram uma grande noite. A arte de dois conhecidos, Trompowsky e Valentim, construiu uma visão de Veneza em cores e luzes. Numa grande clareira, ao centro do parque, foi armado um palco circular, rodeado de flores imensas que ao mesmo tempo eram lâmpadas luminosíssimas. O rio tranquilo que serpenteia entre árvores altas ficou cheio de luminosas, de gôndolas venezianas, de palanques coloridos, de grandes peixes fosforescentes.
>
> Música, luz e água, uma mistura de incomparável beleza. Gabriella Besanzoni, toda de branco, realçava toda a sua beleza de patrícia da renascença italiana. Após o jantar, ela cantou uma ária de *Orfeu*.

A noite que acabou em carnaval foi a última grande festa oferecida por Gabriella e Henrique Lage. Um final com força suficiente para eternizar o Parque Lage como um dos locais mais emblemáticos para a realização de festas no Rio de Janeiro.

Sobre essas festas ainda sobrevivem rumores de que sempre acabavam em verdadeiras orgias. Apesar de não existirem evidências, as especulações são compreensíveis, pois havia muitas figurantes mulheres, bebidas em grande quantidade e um gigantesco jardim com lagos e cantos isolados.

Alguns relatos da imprensa, como no caso da Festa Veneziana, certamente insuflavam as imaginações. De mais a mais, Gabriella era uma mulher bem liberal sexualmente. Além de ter tido muitos amantes ao longo de sua vida, também foi bem íntima de algumas mulheres. A soprano francesa Solange Petit-Renaux, que morou com o casal, parece ter vivido de forma intensa no parque. Anos mais tarde, na Itália, Gabriella foi muito próxima de uma de suas alunas de canto, segundo o testemunho de seu biógrafo.

Outra revelação da diva é que ela sabia quem eram as três amantes do marido, sendo uma delas tão presente que até tentou, após a morte de Henrique, herdar o Parque Lage. Essa informação foi prestada por Besanzoni ao seu biógrafo, que no entanto não revelou a identidade da mulher.

Nada disso significa que tudo acabasse em sexo nas festas do Parque Lage, até mesmo porque o ciúme de Henrique Lage era conhecido de todos.

Aço, carvão, navios e pouca saúde

A vida de Henrique Lage era de mais momentos de trabalho e de dificuldades do que de glamour. Mesmo com o quadro político mais favorável após 1930, e até receber em sua casa o alto-comando do governo getulista, ele lutava permanentemente contra adversidades. Uma delas era o problema na perna.

Um dos primeiros relatos de sua falta de saúde foi feito pela sobrinha-neta Eliana Lage. Ela, obrigada pela rígida governante inglesa ainda bem menina, provavelmente antes de 1934, foi visitar o tio que estava doente, ainda na ilha de Santa Cruz. Ele, que era pouco carinhoso com a menina, perguntou o que poderia lhe dar de presente, e a resposta foi um tanto quanto inusitada: uma ilha! Henrique então lhe deu uma joia masculina, a cruz de malta em fundo azul, símbolo da Costeira.

Ao longo da década, foram muitos os relatos de sua doença. Mesmo assim, ele não parava. Diferentemente de seus outros negócios, os três principais exigiam muita dedicação. O setor naval estava sempre encalacrado com questões financeiras, o carvão catarinense cobrava longas viagens ao sul, e o siderúrgico era o mais atrasado, e complexo, de todos. O empresário era consciente que seus negócios eram fundamentais para o desenvolvimento do país. Em 1929, por exemplo, ele foi chamado a São Paulo para falar no Clube Comercial. O setor cobrava mais eficiência da navegação de cabotagem nacional. Henrique rebateu, apresentando oito sugestões para a melhoria do serviço — uma delas era o desenvolvimento da siderurgia no Brasil. A luta era também política, e ele tentava envolver os setores mais produtivos nesse salto de qualidade que seria produzir aço. Não era o único segmento econômico que deveria ser convencido. Lage conversava com os homens da Marinha e do Exército. Sem aço, não será possível uma indústria naval sólida, muito menos um Exército moderno e bem-equipado.

O governo nacionalista de Vargas estava atento à questão, e em 1931 lançou a Comissão Nacional de Siderurgia. Existiam então três projetos diferentes: o governista, que pensava em uma grande usina, talvez estatal; outro que defendia uma usina, mas com coque importado; e o proposto por Henrique, duas usinas menores na baía de Guanabara, além do uso de produtos nacionais.

O PORTO

Apesar de já ter havia algum tempo a licença para a construção de um porto em Santa Catarina, e de todo o investimento em Imbituba, Henrique Lage só definiu o local de sua construção em 1933. Resolveu que a decisão entre Imbituba e Laguna se daria *in loco*.

Henrique viajava para a região de hidroavião. Gabriella não gostava de ir junto com o marido, pois detestava o clima local. Quando chegou a Laguna, ele se viu cercado por um enxame de moçoilas.

Ele tinha claro que havia uma rivalidade entre os dois possíveis escoadouros marítimos. As autoridades locais prepararam uma solenidade esperando uma resposta positiva. Henrique tergiversou e fez um discurso evasivo com agradecimentos, sem arriscar promessas, sem assumir compromissos, mas não deixou de falar no futuro promissor que o carvão traria à região e ao país. Imediatamente, deu meia-volta e foi para Imbituba.

Lá os trabalhos já iam longe, e as condições eram bem mais propícias. A infraestrutura foi organizada, o quebra-mar, construído e seus colaboradores tinham boa projeção política. No campo federal, também o vento era mais favorável. Aproveitando o bom momento do setor carbonífero, fundou uma entidade de classe, o Sindicato de Combustíveis Nacionais.

A indústria de carvão em Santa Catarina quase quebrara com a crise de 1929, mas após os estímulos do novo governo estava em franca expansão. Tendo um entusiasmado Henrique no comando, novas tecnologias foram introduzidas em suas minas.

Com o uso de energia elétrica, foram instalados compressores de ar e novas máquinas perfuradoras. O sistema de retirada do carvão das minas também ganhou rapidez. Deu-se início à produção de um carvão mais fino para gás, ampliando o mercado consumidor para o minério. A produção começou a entrar em franca expansão. As previsões feitas anos antes por Paulo de Frontin começavam a se confirmar. O vale do rio Tubarão era o *Ruhr* brasileiro.

Imbituba, a antiga vila de pescadores, foi aos poucos ganhando cara de cidade. Henrique estimulou atividades agrícolas em toda a região — café, mate, cana, mandioca e forragens —, e foram espalhadas, no ambiente rural, galinhas poedeiras leghorn brancas. Também foi introduzido o gado schwitz, o pardo suíço, ideal para a produção de leite. Imbituba produzia também manufaturados, todo tipo de louça de mesa — pratos, xícaras, travessas, sopeiras — e, ainda, vassouras. No início dos anos 1930, nenhum porto brasileiro embarcava tantos produtos com destino à capital como Imbituba.

Tido como um senhor feudal autoritário, e com fama de mau pagador, logo começaram as críticas sobre como ele tratava seus empregados em Santa Catarina, principalmente os mineiros. Outra acusação era que a Estrada de Ferro Teresa Cristina agia de forma deplorável, sugando toda a riqueza dos produtores agrícolas e sem pagar os salários de seus empregados. Essas informações começaram a circular na capital do país. Henrique Lage era, segundo alguns órgãos de imprensa, um duque paternal.

Em 1933, contudo, foi lançado o livro *Impressões de uma viagem a Santa Catarina* de João Pedro da Veiga Miranda, ex-ministro da Marinha. Após realizar uma excursão pela região carbonífera de Santa Catarina, ele revelou, surpreso, o que vira. Primeiro, que os marítimos de Imbituba viviam melhor que os colegas do Rio de Janeiro. O terno de linho branco de Henrique estava sempre amassado por conta dos abraços. E que ele, sempre se esforçando para ser risonho, conseguia se equilibrar entre as hostes dos dois grupos políticos locais, os partidários do falecido Hercílio Luz e dos Konder.

Na viagem de Veiga Miranda, no réveillon de 1932, encontrou Henrique "adoentado desde vários dias, sentia-se pior, obrigado a conservar-se na clausura de seu apartamento, uma tortura para seu dinamismo". De tudo relatado no livro, o que mais impressionou e surpreendeu foram as descrições das instalações de carvão de Barro Branco: "O vasto formigueiro humano da mina é um Dédalo de corredores, e cavernas, e logradouros espaçosos correspondentes a explorações já feitas [...]. Um colosso adjacente de 2 mil metros de profundidade." Algo impensável para um setor que se arrastava entre tantas dificuldades logísticas. O livro, entretanto, não foi muito bem aceito entre os detratores de Henrique, que diziam que a obra pecava pelos exageros e que Veiga Miranda era obcecado por visões fantásticas.

Além das acusações que vinham do Sul, havia a eterna crise de seu negócio no setor marítimo. O Lloyd, apesar de sua recuperação, ainda era uma empresa com problemas. O estaleiro italiano Cantieri Riunitti del'Adriatico em determinado momento parou de aceitar as parcelas da dívida; a discussão era por conta dos valores cambiais. Paralelamente a isso, a empresa se viu privada de benefícios fiscais por conta de formalidades burocráticas. Para agravar o quadro, Henrique entrou em conflito com Napoleão de Alencastro Guimarães, o depositário que salvara a empresa, e que tinha um temperamento forte. Lage resolveu então que era hora de se livrar do desafeto. Henrique, de forma inabitual, resolveu que devia quitar a dívida do Lloyd com o Banco do Brasil, contra a opinião do depositário. A artimanha funcionou, e Napoleão se afastou da empresa.

Só que o juiz que tomava conta do caso decidiu que Napoleão fora mais que um depositário, e que trabalhara inclusive como diretor, e ordenou o pagamento de salários de 322 contos de réis, uma fortuna. Um novo imbróglio começou na Justiça e em 1934 as partes fizeram um acordo. Napoleão acabou voltando ao Lloyd como diretor. Logo após o seu retorno, no entanto, a empresa conseguiu novos contratos estatais para operar linhas pela costa brasileira.

Enquanto isso, a Costeira vivia outro tipo de drama. A empresa também convivia com seus problemas financeiros, mas nada parecido com os causados com a Revolução Constitucionalista de 1932.

Getúlio Vargas era então presidente provisório e havia a promessa de realizar eleições desde que chegara ao poder, dois anos antes, e convocar uma Assembleia Nacional Constituinte. Como as promessas não foram cumpridas, em julho de 1932 começou, desde São Paulo, um movimento contra o governo Vargas. Com a participação de unidades do Exército, da força pública estadual e de civis armados, o levante começou.

Prédios públicos foram ocupados — quartéis, estações ferroviárias, correios e a companhia de telefone —, e o porto de Santos foi bloqueado com a colocação de minas submarinas. Um verdadeiro quadro de guerra! Ao contrário do que acontecera em 1930, quando se negara a ceder um barco para Vargas fazer sua campanha eleitoral, Henrique foi obrigado a ceder três dos navios de sua empresa. Eles iriam atuar como força auxiliar da Marinha. Um prejuízo milionário de mais de 900 mil réis.

Além disso, a Costeira ainda travava uma verdadeira guerra pelo valor dos fretes. O colaborador Pedro Brando diz que Vargas sempre esteve propenso a uma solução, pois a situação era insustentável: "os fretes eram jogados ao azar, como muito bem entendiam os armadores de pequenos navios, contanto que concorressem e tirassem a carga deste ou daquele navio de linha regular." Verdadeiros leilões aconteciam nos portos brasileiros.

O clima entre as empresas de cabotagem era tão feroz que acontecera uma queda nos preços na casa dos 70%. Temendo pelo pior, as companhias de navegação fizeram um acordo e criaram um fundo. Só as empresas de Henrique, a Costeira e o Lloyd, embolsavam juntas quase 80% do total arrecadado. Também ficaram estabelecidos os preços dos fretes, e apenas o setor do carvão ficou de fora. Aparentemente um bom acordo, mas que na prática não resolvia os constantes déficits da empresa.

Uma nova negociação foi tentada em 1933. A disputa foi ficando cada vez mais acirrada entre as companhias maiores e as de segunda linha, que usavam os chamados "vapores vagabundos". Nem a Comissão de Tarifas Marítimas organizada pelo governo conseguiu pacificar a questão. A guerra de tarifa envenenava a saúde financeira das estratégicas empresas de cabotagem do Brasil.

Em 18 de janeiro de 1934, o governo precificou o setor. A interferência do Estado mandava que as empresas cobrassem os mesmos preços do fim da década de 1920. Para piorar o quadro, os trabalhadores da Costeira estavam mais uma vez em greve, e Henrique mandou fechar as oficinas da ilha do Vianna. A decisão do governo, a falta de pagamento dos salários, ou as duas coisas juntas, atingiram Henrique em cheio, e ele caiu mais uma vez doente. Gabriella estava fora do Rio e as notícias davam conta de que ele fora inclusive abandonado pelos amigos.

A decisão governamental era quase um decreto de morte para seus barcos. Era um erro tão evidente que no ano seguinte o governo majorou os preços dos fretes, ainda que não o suficiente para que os custos de navegação fossem cobertos. Mesmo sabendo do quadro caótico que afligia o setor, Getúlio Vargas resolveu conceder aumento de salários para o pessoal da Marinha mercante. A decisão veio acoplada ao aumento do frete de alguns produtos, medida que mais uma vez não cobria os gastos salariais da Costeira. De acordo com Thiers Fleming, leal colaborador, Henrique sempre repetia que não tinha preocupação com dinheiro ou lucro material.

O deputado Henrique Lage

Ao contrário de sua principal empresa, e de seus empregados, o casal Lage não tinha problemas financeiros, mas era evidente que Henrique sabia que havia limites para que o setor naval seguisse amargando prejuízos. Também havia ainda uma longa caminhada pela conquista do coque nacional, pela afirmação da nossa indústria naval e a montagem da siderurgia no Brasil. Portanto, devem ter sido esses ingredientes que levaram o industrial, sem nenhum talento político, a tentar a carreira parlamentar mais uma vez. Seus mais íntimos colaboradores, como Pedro Brando e Thiers Fleming, deixaram isso bem claro em seus livros.

Pedro Brando registrou:

> Não tinha o dom da palavra, nem era forte em escrever e jamais procurou corrigir, ou atenuar pelo menos, tais deficiências. Tinha voz de comando quando enfrentava problemas seus, os quais discutia com rara habilidade estivesse em causa qualquer dos setores das duas indústrias. Falava alto como ninguém, quando o contrariavam ou precisava fazer valer os seus direitos; comumente, po-

rém, falava pouco quando estava em sociedade ou participava de assembleias. Possuía timbre de voz doce e era ágil no diálogo. Lia muito em quatro línguas que conhecia bem: italiano, inglês, francês e espanhol.

Já Fleming contou bem menos, mas revelou muito: "sempre nervoso ao tratar com autoridades, e nas audiências falando de assuntos diversos que ia tratar."

Foi esse Henrique que resolveu concorrer em 1934 a uma vaga na Câmara dos Deputados. As eleições eram fruto do novo quadro institucional do país, e pela primeira vez em nossa história as mulheres votariam. Apesar de ser claramente identificado com o setor industrial, Henrique se lançou pelo Partido Autonomista do Distrito Federal. A agremiação tinha como maior objetivo político lutar pela autonomia da cidade do Rio de Janeiro, que até então nem sequer tinha o direito de escolher seu prefeito. O partido também se preocupava com a relação trabalho/capital, a assistência aos trabalhadores, artistas e intelectuais. A família como base da sociedade também era uma bandeira partidária. Seu eleitorado era formado basicamente por operários católicos da zona norte da cidade.

Foram companheiros de Henrique a feminista Berta Lutz, Olegário Maciel, que fora presidente de Minas Gerais, e o músico Heitor Villa-Lobos, e, ao contrário da eleição anterior, ele se elegeu. Contou com o apoio decisivo da Liga Eleitoral Católica, e do prefeito interventor Pedro Ernesto. Com uma votação de pouco mais de 30 mil votos, foi eleito deputado federal.

Contudo, logo ele e o partido entraram em rota de colisão, pois Henrique só tinha olhos para a sua causa, e ele abandonou qualquer movimento em favor da autonomia da cidade. Começaram então as insinuações de traição política.

Em junho de 1936, em uma sessão histórica pela causa da emancipação da cidade na Câmara Municipal, com o apoio de todos os partidos, ele simplesmente não apareceu.

Além de ser um deputado muito faltoso, ficou conhecido por ler seus discursos sempre com a voz nítida. Dirigia-se aos colegas deputados chamando-os de senhores. Quando recebia certos apartes que julgava absurdos, dizia que era o caso de se mandar rezar uma missa de ação de graça. Seu único objetivo era usar a tribuna na defesa da indústria naval. Como parlamentar, acreditava que se tivesse mais voz ativa teria maior poder de persuasão junto ao governo federal.

Em suas poucas participações na tribuna, o tema era quase sempre o mesmo. Em 1934, segundo os Anais da Câmara dos Deputados, ele alertara: "É necessário ao governo ter um programa definido em relação à Marinha, imprescindível ao desenvolvimento econômico do Brasil." Dois anos mais tarde, ele já mudava um pouco o tom da conversa, apesar de seguir no mesmo assunto: "Não existe no país estaleiro aparelhado para construir navios, principalmente os de guerra." Herdeiro de um tradicional grupo empresarial, ele sabia quais eram os efeitos de um possível conflito para a nossa defesa, a navegação de cabotagem e a economia brasileira.

Henrique também denunciou no plenário a gestão do porto da capital. Um luxuoso transatlântico, no verão de 1937, permaneceu fundeado no meio da baía, pois o calado do cais carioca era pouco profundo. Lage foi duro com os gestores e acusou "o modo de administrar a coisa pública sem a devida consideração pela reputação brasileira". O discurso mereceu aplausos de seus pares.

Sua maior contribuição na curta experiência como deputado — o parlamento seria fechado no início de novembro de 1937 com a decretação da ditadura do Estado Novo — foi com a apresentação do projeto nº 379, que tinha como único objetivo proteger o setor naval, e, por tabela, a indústria do carvão. A proposta era muito nacionalista, exigindo que os estaleiros devessem pertencer a brasileiros natos. Também obrigava que todas as obras do governo federal passassem a ser executadas preferencialmente em estaleiros nacionais. Havia ainda uma série de vantagens previstas aos industriais brasileiros. Os incentivos também eram estendidos ao setor carbonífero, pois exigia que os navios construídos no país usassem carvão brasileiro.

Durante a apresentação de seu projeto, Henrique foi aparteado por alguns colegas. Algumas passagens do debate revelam qual era a situação da estratégica indústria naval dois anos antes do início da Segunda Guerra Mundial. Do deputado mineiro João Henrique:

> A passagem de Humaitá [Guerra do Paraguai] foi forçada com seis navios de guerra, dos quais cinco construídos no Brasil. Naquela época éramos, de fato, a primeira nação da América do Sul quanto ao poderio naval [...]. Hoje, quase devemos falar em surdina, estamos após a Argentina e após o Chile, no terceiro lugar. [...] Os estaleiros particulares da Itália e da Alemanha são subvencionados pelos respectivos governos.

Do parlamentar fluminense Ernani do Amaral Peixoto: "A construção naval não pode subsistir economicamente sem que exista, no país, a indústria siderúrgica." E de novo João Henrique: "Devemos seguir a experiência de outros países, hoje verdadeiras potências em construção naval — o Japão e os Estados Unidos."

Henrique acreditava que cabia ao Ministério da Marinha o desenvolvimento do setor naval. Essa foi outra frente de sua atuação como parlamentar, tentar mudanças no orçamento do governo. Então apresentou a emenda n° 108, em outubro de 1937, às vésperas do início da Segunda Guerra Mundial, que obrigava a alocação de recursos para o Ministério da Marinha e obrigava o ministro a renovar a esquadra e os estaleiros brasileiros. Como o tema não estava previsto pela dotação orçamentária, a proposta foi rejeitada.

Suas preocupações com a possibilidade de uma nova guerra o levaram também a se interessar pelo setor aeronáutico. Sua família sempre fora ligada ao tema, e agora era cada vez mais imperioso atuar de forma pragmática na construção de aviões. Assim, em discurso, ele defendeu:

> É de se esperar que sejam tomadas providências urgentes para que ainda no corrente ano [1936] venha a ser projetado e construído o protótipo brasileiro de avião-escola avançado, a fim de não mais ser importada essa classe de aviões, e que representará eficiência militar para o país, estímulo às indústrias que se interessam pela construção de aviões, e aproveitamento dos técnicos, civis e militares neste importante ramo de engenharia.

Então, no início do segundo semestre de 1936, Henrique apresentou um novo projeto para autorizar a liberação de créditos para a construção de dois aviões pelo Parque Central de Aviação do Exército. A ideia era usar os aparelhos na formação de pilotos e depois dar condições para o setor civil organizar uma linha de montagem. Independentemente do clima de guerra, Henrique dizia que no futuro só as mercadorias seriam transportadas em navios — as pessoas usariam avião.

No início dos anos 1940, o grupo Lage se transformou em um dos maiores produtores de aviões do continente.

A *diva empresária e o carioca da gema*

Gabriella Besanzoni passou dois longos anos na Europa, entre 1931 e 1933. A escusa era ficar na Itália cuidando da saúde de sua mãe, Angela. Durante esse tempo, ela se apresentou sempre com muito brilho em diversas capitais e grandes cidades europeias.

Em seu país natal, ela ainda foi protagonista no embarque da delegação italiana que estava indo para Lake Placid, condado de Essex, em Nova York, para participar dos Jogos de Inverno de 1932. Na véspera, a delegação foi convidada para ver a grande estrela cantar a ópera *Manon* no Teatro Carlo Felice, em Gênova. Nessa sua longa temporada na Itália, Besanzoni se aproximou muito de Benito Mussolini, recebendo seguidas vezes em sua casa o secretário particular do ditador.

Quando regressou ao Brasil, a bordo do barco italiano *Conte Biancamano*, ela teve como companheira de viagem uma jovem e promissora cantora lírica brasileira, Bidu Sayão. Elas eram de gerações diferentes, uma já consagrada e a outra em plena ascensão. Bidu vinha de uma exitosa turnê, tendo se apresentado no Teatro São Carlos, em Nápoles, no Teatro Real, de Roma, e na Ópera Garnier, em Paris. Ao desembarcarem juntas no porto do Rio de Janeiro, pela primeira vez na vida, a grande Gabriella Besanzoni foi ofuscada por uma cantora novata.

Gabriella, contudo, seguia sendo o grande nome do mundo lírico, e dias depois recebeu a imprensa em sua casa, no Jardim Botânico. As notícias do Velho Mundo, revelados pelo *Diário de Notícias* de 13 de agosto de 1933, não eram animadoras: "Encontrei um ambiente artístico morto. Fiz de tudo para reerguê-lo e tive a cooperação infalível de Mussolini. Nesse momento, Mussolini é o sol da nova Itália. É um homem admirável e só o fato de ele querer é o quanto basta para que se faça. Mussolini me deu braço forte." Ela também falou sobre a Alemanha: "É sempre um grande centro e mantém a sua tradição artística. Hitler, que é uma força viva da sua pátria, a tem engrandecido em todos os pontos." Os jornalistas também perguntaram a opinião da Diva sobre a jovem cantora brasileira: "Bidu Sayão é uma grande artista. Sua voz é belíssima, cheia de encantos e de possibilidades. Bidu além do mais é inteligente e possui grandes pendores cênicos, vai estudar comigo."

No mais, apesar de estar mais velha, seguia sua carreira de sucesso. Já no ano seguinte, ela se apresentou a convite da primeira-dama, dona Darcy Vargas, no concerto beneficente ítalo-brasileiro realizado a bordo do navio *Conte Grande* de bandeira italiana. Posteriormente, voltou aos palcos argentinos, teve uma passagem por Porto Alegre e se apresentou muitas vezes no Theatro Municipal do Rio de Janeiro — cantando, por exemplo, *Carmen* a preços populares.

Também na capital ela foi, junto com Villa-Lobos e Bidu, a grande sensação da temporada, em especial pela série Concertos Culturais Sinfônicos. A temporada foi um sucesso de público e de crítica; Gabriella cantou com extremo fulgor, ainda que ombreada pelas deliciosas interpretações da jovem artista. Em entrevista, ela disse que recusara "o que quisesse em ouro" para cantar no Scala de Milão.

No ano seguinte, em 1936, aos 46 anos, ela começou a dar um novo rumo a sua carreira. Uma das provas de que os tempos eram outros foi a inauguração de seu busto no Municipal do Rio, uma

1. Em 1920, Henrique Lage, 39 anos, comandava uma das maiores corporações empresariais do Brasil.

Acervo O Malho/BNDigital

2. Gabriella, em 1922, ainda solteira e já consagrada internacionalmente. A cantora conquistara plateias na Europa, em diversos países da América Latina e nos Estados Unidos.

Acervo FonFon/BNDigital

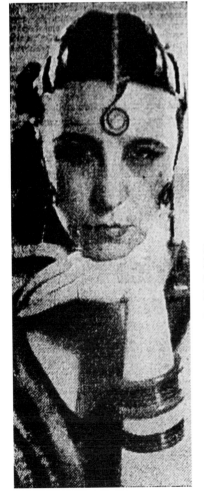

3. Antes de se casar com Henrique Lage, Gabriella colecionou uma plêiade de admiradores: o poeta italiano Gabriele D'Annunzio, o rei da Espanha Afonso XIII, o pianista polonês Arthur Rubinstein, entre outros.

Acervo A Noite/BNDigital

4. Casamento de Henrique e Gabriella, em 1925, na Ilha de Santa Cruz, baía de Guanabara. O evento repercutiu na imprensa internacional.

Acervo A.B.C./BNDigital

5. Henrique e Gabriella, já casados. O casal só foi morar no Parque Lage em meados da década de 1930.
Acervo FonFon/BNDigital

6. As divas Regina Pacini e Gabriella com seus respectivos maridos: o presidente da Argentina Marcelo T. Alvear e Henrique Lage, em 1928, no Rio de Janeiro.
Arquivo O Cruzeiro/EM/D.A Press

7. Carnaval na casa de Henrique Lage em 1929. Na foto, Gabriella Besanzoni, com a comadre Zita Catão e a irmã Adriana Besanzoni (no alto), Ecila da Costa, Olga Pragner e Carmen Lacerda (na segunda fila) e Anna Paula (sentada).

Arquivo O Cruzeiro/EM/D.A Press

8. Gabriella e Henrique recepcionando no Parque Lage, em 1937. Detalhe: o porta-retratos com a foto de Benito Mussolini.
Acervo Vida Doméstica/BNDigital

9. Aniversário de Gabriella no Parque Lage, em outubro de 1937.
Acervo Vida Doméstica/BNDigital

10. Gabriella, Getúlio Vargas e Henrique na Festa Veneziana do Parque Lage, em 1938.

ACERVO A NOTÍCIA (SC)/BNDIGITAL

11. Momento de descontração na Festa Veneziana. Ainda hoje, as festas no Parque Lage são marcadas por uma aura de glamour.

ACERVO A NOTÍCIA (SC)/BNDIGITAL

12. Vargas condecorando Henrique Lage, em 1938, com a Ordem do Mérito Militar. Ao seu lado, o chefe da Missão Francesa no Brasil, general Paul Noel, e o marechal Cândido Rondon.

Arquivo O Cruzeiro/EM/D.A Press

13. Inauguração do vapor *Itaquatiá*, em 1919. Da esquerda para a direita: o presidente Epitácio Pessoa e Renaud Lage, que dirigiu a construção do vapor.

Acervo Illustração Brasileira/BNDigital

14. Vapor *Itaquatiá*, umas das glórias da Companhia Nacional de Navegação Costeira.

Acervo Careta/BNDigital

15. Interior do *Itaquatiá*. Segundo a escritora Rachel de Queiroz, "cada viagem neles (um navio do Ita) era uma glória... era para cada família como uma estação de águas, uma semana em Caxambu ou Lambari. Preparava-se o enxoval da viagem, guardado nas grandes malas de camarote: os vestidos para o dia, de linho e com gola de marinheiro, e os de noite, de seda, com manga cavada".

Acervo FonFon/BNDigital

16. Comandante Craig.
ACERVO ITAQUATIÁ CARETA/BNDIGITAL

17. Ilha do Vianna: um complexo industrial de ponta erguido em plena República Velha.

ACERVO FONFON/BNDIGITAL

18. Ilha do Vianna e, ao fundo, a Ilha de Santa Cruz. No primeiro plano, vemos o setor industrial dos Lage; na ilha contígua ficavam as residências da família e dos oficiais dos navios da Costeira.
Acervo FonFon/BNDigital

19. Ilha do Vianna.
Acervo FonFon/BNDigital

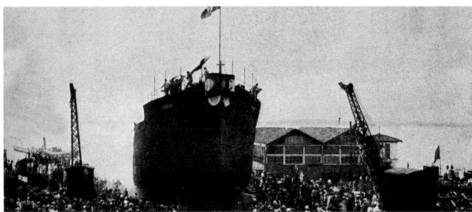

20. Muito antes do surgimento do setor siderúrgico no Brasil, Henrique Lage conseguia a proeza de lançar navios. Aqui, o vapor *Itaguassu*.
Acervo FonFon/BNDigital

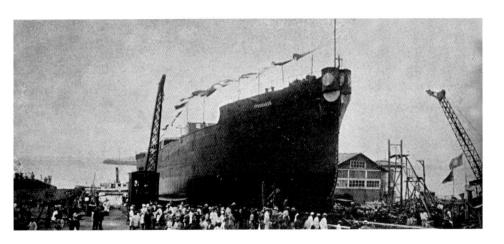

21. Vapor *Itaguassu*.
Acervo FonFon/BNDigital

22. Avião com o símbolo da Costeira, a cruz de Malta azul em fundo branco.
Arquivo O Cruzeiro/EM/D.A Press

23. No longínquo ano de 1920, Henrique e o capitão Lafay no avião *Independência*. Apesar de construir navios, Henrique sabia que no futuro as pessoas viajariam em aviões.

Acervo FonFon/BNDigital

24. Na primeira metade do século XX, Henrique Lage construiu no Rio de Janeiro uma indústria de ponta. Avião M-7 levantando voo na baía de Guanabara.

Acervo Ilustração Brasileira/BNDigital

25. Henrique e Gabriella, em 1941, pouco antes da morte dele.
ARQUIVO O CRUZEIRO/EM/D.A PRESS

homenagem que talvez indicasse uma nova era entre o Theatro e sua maior estrela. Decadente, mas ainda famosa.

Um jornal carioca, em setembro de 1936, contou o seguinte caso:

> A *vendeuse* de flores indagou à sra. Henrique Lage:
> — Foi a senhora que cantou Carmen ontem?
> — Sim, fui eu.
> — Oh, maravilha! A senhora é brasileira, pois não? Reconheço pela voz.
> — Realmente, sou brasileira.
> — Ah, então permita que eu lhe ofereça essas flores, já a admirava como cantora, agora adoro-a como brasileira.

Precavida, Gabriella foi se transformando em professora de canto. E assim também, aos poucos, o Parque Lage foi ganhando uma nova utilidade, o de conservatório. Não se sabe quem foi a primeira pessoa a estudar com a diva, a única certeza é que Bidu Sayão nunca foi ao palacete para uma aula. As relações entre Gabriella e Bidu azedariam de forma irreversível nos anos seguintes.

A cantora brasileira teve uma estreia decepcionante, em 1928, e foi duramente criticada como apenas "uma voz de salinha". Conheceu no ano seguinte o maestro Toscanini, e assim sua carreira foi impulsionada. Ele levou Bidu Sayão para Roma e depois para cantar no Carnegie Hall de Nova York. Na mesma temporada, beneficiada pelo fato de saber cantar em francês, ela brilhou no Metropolitan.

Ao retornar ao Rio, Bidu ocupava grande espaço na mídia brasileira. Com grande expectativa do público, ela cantaria *O barbeiro de Sevilha* no Municipal. O Departamento de Imprensa e Propaganda se mobilizou para transmitir o concerto para todo território nacional. Bidu Sayão virou então a queridinha da mídia nacional. Era uma brasileira se consagrando internacionalmente.

Até que, na temporada de 1936, no Municipal do Rio, ela foi parcialmente vaiada. Segundo a própria Bidu, Gabriella, que estava no teatro, se retirou quando as manifestações favoráveis do público abafaram os apupos. Segundo o jornal *A Nação*, Bidu chegou a ir à polícia prestar queixa contra sua desafeta, e Gabriella replicou dizendo que nunca promovera vaia a quem quer que fosse: "Julgo as acusações a minha pessoa e a de meu esposo como uma nova modalidade de reclame em proveito da soprano brasileira."

No verão de 1937, o Parque Lage já estava ganhando fama de ser um "vasto laboratório experimental das possibilidades líricas". Aos poucos, jovens artistas de São Paulo, Campinas, Curitiba, Bahia, Rio Grande do Sul e até de fora do Brasil, num total de setenta alunos, começaram a frequentar o palacete do Jardim Botânico.

A empresária

Desde que a carreira de Gabriella deslanchou, no início do século XX, ela nunca mais se aborreceu com problemas financeiros. Portanto, o manejo de dinheiro, independentemente da quantidade, era algo desconhecido em sua vida. Além do mais, segundo depoimento ao biógrafo, "vivia cercada de gente ambiciosa, que só queria se aproveitar de sua situação". Era comum, na ausência do casal, os parentes organizarem festas milionárias. Mais de uma vez ela retornou para casa e encontrou-a tomada por desconhecidos. A diva mantinha uma relação de amor e ódio com seus familiares. Mesmo assim, ela deu a cada sobrinho um automóvel de presente. Não tinha nenhuma intimidade com a realidade e vivia de forma despreocupada e dispendiosa.

Um dia, no Parque Lage, enquanto o marido estava viajando, um oficial da Marinha em traje de gala se apresentou ao porteiro de sua propriedade. Ela não resistiu e deixou o estranho entrar.

Era um jovem de aproximadamente 30 anos, sumamente educado, que se expressava bem, e se dizia amigo de Henrique. Alegou necessitar com certa urgência de uma expressiva quantia de dinheiro para o acampamento de verão de meninos desamparados. Ela pediu que ele voltasse dali a três dias. Como forma de desarmar qualquer desconfiança, o homem deixou com ela sua espada de oficial.

Gabriella, conforme combinado, levantou uma razoável quantia para doar aos pobres veranistas. No dia da entrega da doação, ela abriu o jornal e se deu conta de que o rapaz não voltaria: ele fora preso pela polícia por conta de seus inúmeros golpes. A diva achou tudo muito engraçado.

Foi com esse espírito farto e generoso que em 1937 ela fundou o S.A. Teatro Brasileiro. Com sede no Parque Lage, e capital social de mil contos de réis, Gabriella pretendia como empresária demonstrar apreço e entusiasmo, e retribuir as homenagens que recebera no Brasil. Estava decidida a dedicar todas as energias na formação de artistas nacionais para a formação de um verdadeiro teatro brasileiro. Não satisfeita, resolveu assinar com a prefeitura do Rio para assumir a administração artística do Theatro Municipal, algo que o antigo gestor se recusara, por considerar as exigências contratuais draconianas.

A criação de sua empresa transformou radicalmente a vida no Parque Lage. Sem medir as consequências, Gabriella fez tudo em grande quantidade. Organizou-se para montar até quatro espetáculos por temporada e ensaiou três quadros completos. Ela mesma passou a achar que vivia num manicômio, de tanta gente que circulava em sua casa. Eram pessoas de diferentes países, classes sociais e qualidades artísticas. Maestros, pianistas, cantores e até uma professora de italiano foram importados. Pela descrição, feita anos mais tarde pelo maestro substituto Armando Belardi, percebe-se que o palacete parecia mais uma escola do que uma residência: "Entrando à esquerda havia uma sala de concertos, na continuação, o restaurante e a cafeteria. Do lado direito os cômodos." A partir de sua biografia ficamos sabendo que os cinco quartos de hospedes não só ficaram ocupados, mas superlotados.

Todo esse delírio financeiro seria recuperado com apresentações em todas as cidades servidas pelos barcos do marido. Gabriella investiu pesado no talento de artistas pouco conhecidas, como Violeta Coelho Neto de Freitas, a irmã Adriana Besanzoni, Julita Perez da Fonseca, Nadyr Figueiredo, entre outras. Mas qual delas seria a protagonista no papel principal na estreia da ópera *Madame Butterfly*, de Puccini?

Antes do grande dia no Municipal, de forma prudente, Gabriella organizou em sua casa uma pequena apresentação. Com direção geral do maestro Camargo Guarnieri, ela e outras alunas seriam acompanhadas pelo pianista José Torres. Cantariam trechos líricos em solo e em conjunto. De acordo com o *Diário de Notícias*, o evento foi um sucesso de público, com a presença da fina flor da sociedade carioca e de crítica: direção brilhante, vozes que impressionaram pela beleza de timbre e perfeição técnica. Gabriella também foi lembrada "pela alma, coração e cérebro do grande empreendimento, o mais perfeito, o mais sincero, o mais eficiente até agora feito em nosso país pela bela causa do nosso teatro de ópera".

Conforme o dia da estreia se aproximava, a imprensa carioca especulava quem ficaria com o papel principal. O mistério dava visibilidade às cantoras de Gabriella. Era também a oportunidade para incentivar o público a receber bem esse esforço pelo desenvolvimento do *bel canto* no país.

Faltando pouco menos que um mês, ficou decidido que a soprano Violeta Coelho ocuparia o cargo de honra da ópera. A estreia seria numa quinta-feira, dia 14 de outubro, às 21 horas, e era aguardada com ansiedade por todo o Rio elegante. A soprano escolhida estaria acompanhada de um elenco de menor envergadura.

As críticas do exigente colunista D'Or, do *Diário de Notícias*, foram bem favoráveis:

A alta sociedade carioca, inclusive o presidente Vargas, se emocionara com tudo. Dos pequenos detalhes ao vigor da atuação da companhia. Violeta obtivera grande êxito com seus predicados que ornavam sua personalidade artística, com voz vibrante, bem timbrada, devidamente ajustada nos vários registros, acentuadamente dramática em seus graves cheios de possantes, enriquecida ainda de uma absoluta afinação, dando-nos uma *Butterfly* cheia de encanto e dramaticidade.

Os demais cantores — Antônio Minafra, no papel de Pinkerton, Roberto Galeno como cônsul norte-americano, Julieta Fonseca, como Suzuki, Marco Antônio, como Bonzo, e mais Eleonora Massot e Bruno Magnavita.

O relato mais honesto dessa noite foi feito pela jovem Eliane Lage, então com 9 anos. Ela contou que estava no Parque Lage com a tia e juntas iriam ao Municipal para a Grande Gala. Se vestiu com um vestidinho simples e quando Gabriella a viu disse: "Está faltando algo!" Então colocou uma joia no peito da menina e falou: "Agora está bom!"

Ao fim do espetáculo, a plateia aplaudiu os artistas, mas quando Violeta apontou com a cabeça na direção da diretora Gabriella, o teatro em peso se levantou, e a Diva foi demoradamente ovacionada. Eliane Lage sentiu um frio na espinha, uma emoção que nunca esqueceria na vida.

A mesma cena foi assim descrita pelo supracitado crítico musical:

> Acrescentemos ainda que, entre as vibrantes manifestações da plateia, não foi esquecida a figura máxima do espetáculo, pelo espírito de realização e de ideal, que como auréola se forma em seu redor — Gabriella Besanzoni Lage — [...] freneticamente aplaudida, como

justo prêmio aos seus esforços, traduzindo a gratidão do público brasileiro pela obra de grande patriotismo que vem realizando.

Nos dias seguintes, a companhia de Besanzoni representou *O barbeiro de Sevilha*, de Rossini, e *La Traviata*, de Verdi. Diferentemente da noite de estreia, as outras apresentações foram acompanhadas de críticas desfavoráveis. Depois ainda vieram *L'amigo Fritz*, de Mascagni, e *Rigoleto*, também de Verdi — também sem brilho. No início de dezembro, a trupe viajou para São Paulo sem aparentemente ter encantado a plateia local.

No ano seguinte, em 1938, após uma temporada na Itália, Gabriella estava de volta com as forças renovadas e mais ousada do que nunca. Prometia levar aos palcos cariocas nada mais nada menos do que a rival Bidu Sayão, e também viajar com sua companhia para cantar em Buenos Aires, a Meca latino-americana do canto lírico.

Habilmente, ela e o marido convidaram a crítica especializada para um almoço no restaurante Lido a fim de comunicar seus audaciosos planos. Nos dias seguintes, ficou claro que nem tudo correra bem. Nem todos os jornais foram convidados, e, quando perguntada sobre sua relação com Bidu, Gabriella teria sido arrogante.

Aos poucos, a crítica especializada revelou que se alguém cantaria em Buenos Aires seria apenas Violeta, e mesmo assim a informação carecia de confirmação. A imprensa do Rio de Janeiro alertava que era muito cedo ainda para a empresária Gabriella dar um salto tão grande. E também era evidente que Violeta era dona de um repertório ainda pequeno.

A temporada lírica levada por Gabriella ao Theatro Municipal só com artistas brasileiros, sem nenhuma tradição, não empolgava. Alguns esforços foram feitos no sentido de manter o projeto nacionalista. Foram encenadas óperas de Carlos Gomes, com o apoio do Ministério da Educação. A imprensa conclamou o público, mas talvez faltasse talento aos artistas. Para complicar o quadro, em novo encontro com a imprensa, o representante de Gabriella, o maestro Guarnieri, falou da decadência de vozes no mundo. Depois salientou que, se tudo desse certo, o Brasil poderia virar uma nova Itália. Suas declarações não foram bem recebidas pelos muitos técnicos italianos que trabalhavam no país, em especial na capital paulistana, e criaram um clima de animosidade em São Paulo com a companhia de Gabriella.

A direção do Municipal passou então a cobrar de Gabriella o acordado em contrato, a contratação de quatro grandes cantores de fama mundial, três prima-donas, três tenores, três barítonos e três baixos, todos de alta reputação e primeira categoria. As ações da empresária não avançaram para além do campo da especulação.

Para piorar o que já não ia bem, em junho de 1938 chegou ao Rio, vindo de nova turnê consagradora, Bidu Sayão. Caso ela subisse no palco do Municipal seria menos um problema para Gabriella. A veterana Diva, no entanto, fechou as portas do principal teatro da capital para a maior cantora brasileira. Bidu se limitou a cantar em um evento particular na sede do Automóvel Clube do Brasil, um verdadeiro escândalo! O clima ficou tão pesado que Besanzoni preferiu sair do Rio de Janeiro — ela foi para Buenos Aires de avião tratar de interesses de sua companhia.

Só a montagem de *Madame Butterfly* conseguiu trazer algum alívio, sempre terminando com ovações e vivas a Besanzoni — o segundo semestre de 1938 seguiu pesado para ela. Em meados de setembro, morreu o irmão Manfredo Colasanti. Na sequência, teve problemas com a orquestra do Theatro Municipal e o criticado Popularíssimo Getúlio Vargas, no estádio do Botafogo. Mesmo fazendo apologia aos poderosos, ela foi afetada de forma inesperada pela lei de desacumulação dos cargos públicos: doravante, ninguém poderia ter mais que um emprego. A medida afetou drasticamente a orquestra do Theatro. O que já era difícil de honrar se tornou impossível de manter. No início de 1939, chegava ao fim a relação da diva com o Theatro Municipal.

Ainda assim, após todos esses reveses, Gabriella parecia não se preocupar com os prejuízos de ordem econômica:

> Bem sei que é melhor ganhar do que perder, mas quando se perde dinheiro em uma obra de fundo idealístico na verdade pouco se perdeu, e esse é precisamente o nosso caso. O teatro de ópera sumamente caro e dispendioso tem sido até hoje, no Brasil, um privilégio das elites que sem se sacrificarem ao extremo exigem sempre mais e melhor. Cultivam, de outra parte, talvez por esnobismo, um certo sentimento de desdém pelo que é nacional.

Um carioca da gema

> O reinado de Momo! A batalha de confete! Música, animação, entusiasmo, folia! Que será a Beira-Mar hoje? Um céu aberto. Tudo quanto há de *chic*, de verdadeiramente *chic*, lá estará para a grande batalha de confete promovida pela *Gazeta de Notícias*.
> Nos anos anteriores a segunda-feira de carnaval era sempre um dia morto. Poucas festas, poucas máscaras nas ruas, tudo sem animação, sem vida carnavalesca. O povo descansava para despertar na terça-feira com todo o fogo do seu entusiasmo, com todo o calor de sua alegria.
> Esse ano tudo mudará. A segunda-feira será um dia importantíssimo e, se não for mais animado, será pelo menos o dia mais brilhante, de festas verdadeiramente elegantes.
> A batalha de confete hoje na avenida Beira-Mar será o *clou* do Carnaval.
> É uma festa de luxo, grandemente fina, a qual concorrerá o que houver de mais *chic* entre nós.
> O aspecto da avenida é dos mais encantadores, toda ela cheia de barraquinhas onde se venderão confete e serpentinas, lança-perfumes e toda sorte de gaitas, cornetins, apitos e mais bugigangas carnavalescas.

As barraquinhas dão para a praia um efeito belíssimo. Estão ricamente adornadas de flores, obedecendo a uma arquitetura rigorosamente elegante. Os srs. Velloso & C. apresentarão a ornamentação mais tentadora, à moda do Japão, com o luxo mais intensamente oriental.

A ornamentação que mais se destaca, pela sua riqueza e pelo seu fausto, é a do bar de onde o sr. presidente da República, acompanhado de sua Exma. família, assistirá ao desfilar de carruagens, automóveis e cavaleiros.

Os carros, automóveis e cavaleiros só podem entrar na pista, para a batalha de confete da cidade, pelo lado da estátua de Tamandaré, e pelo lado da rua Voluntários da Pátria, vindo de Botafogo. As saídas também só se podem fazer ou pelo lado da rua São Clemente ou pelo lado da estátua de Tamandaré. Os carros sobem pelo lado direito e descem pelo lado esquerdo da avenida. [...]

O número de carruagens tem subido grandemente, o que dará à festa um efeito mais deslumbrante. Ao mesmo tempo que se der o desfile de carros, tocarão nos seus lindos coretos as bandas de Momo. São em número de oito. Alegrarão toda a imensa área da avenida Beira-Mar onde hoje se efetuará a mais encantadora festa de Carnaval. As bandas ficarão assim divididas:

No 1º coreto a banda do 7º Batalhão de Infantaria do Exército; ao lado esquerdo da rua Marquês de Abrantes, a banda da força policial; ao lado esquerdo da rua Farani, a banda de infantaria de Marinha; ao lado da rua Marquês de Olinda, a banda de música do 24º Batalhão do Exército; ao lado esquerdo da rua Dona Carlota, a banda da força policial; no bar do lado esquerdo, toda a banda completa de marinheiros nacionais, e ao lado direito, a dos bombeiros, que tocarão também durante o baile carnavalesco que se deve realizar no bar depois das 9 horas da noite. Ao fim, no último coreto, deve ficar a banda de música da casa Lage, gentilmente cedida por aquele importante industrial, e que é composta somente de meninos.

Os Lage, desde os tempos de Tonico, foram grandes foliões. Brincavam o carnaval muito antes dessa grande transformação que marcou o evento, em 1907, após a inauguração das avenidas Central (atual Rio Branco) e Beira-Mar. No entanto, foram os únicos empresários que chancelaram essa transformação. Esse espírito bem carioca, descontraído e animado, era uma das marcas de Henrique. Apesar de sua falta de saúde e de seus muitos problemas financeiros, levava um estilo de vida típico, e cultivava fortes ligações com o carnaval e o futebol. Na primeira metade do século XX, essas atuais paixões da cidade não eram cultuadas como são hoje.

Sua paixão pelo carnaval era inquestionável. Henrique e Gabriella eram figuras fáceis nos principais bailes da cidade. Dos mais sofisticados, como os do Copacabana Palace Hotel e do Jockey Club, até os menos elegantes, como o da Imprensa no Teatro João Caetano. Participavam tanto de batalhas de confete chiques da avenida Beira-Mar como das mais populares, como a da rua Uranos, em Ramos.

Essa relação não passou despercebida pelo mundo das escolas de samba. Em meados dos anos 1930, quando as escolas de samba ainda engatinhavam e realizavam desfiles sem nenhum glamour, Henrique já fazia parte da festa. Não como patrocinador, mas como homenageado. No desfile na cidade de Niterói, a Escola de Samba Bandeirantes do Barreto desfilou com o enredo sobre a indústria nacional. Em seu sétimo carro alegórico foram rendidas homenagens a ele.

Sendo de uma família de ilhéus, Henrique e seus familiares sempre tiveram grande intimidade com esportes náuticos. Ainda menina, Eliana Lage contou que todas as lanchas de sua família levavam nomes de pássaros: *Bem-te-vi*, *Saracuruna* e *Trinta Réis*. Ela sonhava poder ser um dia marinheira, e dizia que na ilha o mar era manso, mas determinava tudo. Para os Lage, as águas da baía eram meio de locomoção e diversão.

Ela contou também que, certa vez, seus pais, Jorge e Margie, saíram do Iate Clube do Rio de Janeiro para almoçar na ilha. No meio do caminho, seu pai lembrou que tinha um compromisso com amigos na Praça Mauá, um grupo grande que também iria almoçar em Santa Cruz com eles, mas não haveria lugar para todos na lancha.

Para resolver o problema da superlotação, Jorge pediu que sua esposa desembarcasse e ficasse em uma boia no meio da baía, esperando que ele resolvesse o problema, e Margie aceitou, pois em questão de minutos ele voltaria. Só após o almoço, três horas mais tarde, ele se lembrou de resgatar a mãe de sua filha.

Eliane também conta que, enquanto morou na ilha, ia diariamente com Henrique em uma das lanchas até a Praça Mauá. Ele ia sério, lendo os jornais. Já em terra firme ela ia de ônibus com a governanta para o Colégio Sion no Cosme Velho, e ele seguia caminhando até o prédio da Costeira.

Como outros endinheirados da cidade, os Lage participavam de corridas de lanchas organizadas pelo Iate Clube na Urca. Apesar da sofisticação das lanchas, eram eventos muito populares. Os diversos páreos para qualquer tipo de barco a motor atraíam verdadeiras multidões. Os espectadores ficavam espalhados pela enseada de Botafogo e na Praia Vermelha. O percurso de 7,5 milhas náuticas, completados em três voltas, se dava em torno de boias, sendo uma delas na entrada da baía de Guanabara. A fina flor da sociedade carioca competia: Paulo Santos Dumont com a lancha *Dá Nella*, Octavio Rocha Miranda com a *Itaú*, Roberto Marinho com a *Caiçara*, Arnaldo Guinle e sua *Aruá* e Henrique com a *Tangará*.

Eliane Lage não afirma, mas suspeita que Tonico tivesse alguma ligação com o Clube de Regatas do Flamengo. Tal informação não é confirmada na bibliografia sobre o clube. No entanto, pode ser que as lanchas da Ilha de Santa Cruz usassem a rampa de remo da praia do Flamengo.

Em setembro de 1936, Gabriella Besanzoni se apresentou no gramado da Gávea para um evento insólito e pouco conhecido da história do Flamengo. Não era um concerto propriamente dito, mas um evento realizado pela Rádio Tupi e transmitido por ondas curtas para o público alemão, com a chancela do Ministério das Relações Exteriores, comandado por Macedo Soares, o presidente do Flamengo José Basto Padilha e o embaixador da Alemanha nazista Arthur Schmidt-Elskop. Ela cantaria para retribuir a calorosa recepção e o carinho dispensados pelo povo e as autoridades de Gronau, na Renânia do Norte, e a delegação náutica e os remadores do clube, que competira por lá. Logo depois, no início de novembro, talvez por conta do sucesso de sua atuação no clube, Gabriella e Henrique voltaram para festejar o aniversário do Flamengo. Henrique também mantinha um time de futebol no campeonato interno do clube.

Com um contingente enorme de empregados, a Costeira também organizava torneios de futebol. Era tudo tão bem organizado que a empresa providenciou um terreno na rua Venezuela, área vizinha à sua sede, e fez um campo de jogo. As competições da empresa dos Lage contavam com várias equipes e eram cobertas pela imprensa.

O certo era que Henrique era sócio remido do Clube de Regatas São Cristóvão, uma das agremiações que formaria mais tarde o clube de futebol. Ele participava da entidade que ficava no bairro do Caju e, em 1936, demonstrou generosidade ao oferecer material para a construção de sua nova sede.

Outra agremiação beneficiada foi o Botafogo de Futebol e Regatas. Dessa vez não foi como empresário generoso, mas como parlamentar. Foi um projeto de Henrique, o de número 232-A, apresentado no parlamento e aprovado, que permitiu que o governo federal concedesse ao clube a cessão por aforamento do terreno da rua General Severiano.

Henrique também gravitava pela elite cultural da cidade. O casal apoiava a poeta Ana Amélia de Queiroz em sua luta pela construção da Casa do Estudante do Brasil, sendo esse um dos elos entre eles e outros segmentos culturais. Ana Amélia era parente do jornalista Austregésilo de Athayde, que depois se tornaria um escritor consagrado e imortal da Academia Brasileira de Letras. O secretário da poeta, Paschoal Carlos Magno, filho de imigrantes italianos, ator, crítico teatral e autor premiado, foi um dos maiores agitadores da cultura da capital.

Henrique se tornou tão próximo de produtores culturais que pensou em abrir uma empresa cinematográfica. No fim da década de 1930, considerou montar um estúdio para lançar filmes de longa-metragem. O projeto seria em parceria com o autor Oduvaldo Vianna, um homem de ideias avançadas. Ele ganhara projeção com a peça teatral *Amor*, de 1933, que falava de mulheres desquitadas e livres para aventuras sexuais.

Apesar de ser devoto de Santo Antônio, Henrique também sempre foi grande patrocinador da festa de Nossa Senhora da Glória, que ao longo do século XX foi uma das mais populares do Rio de Janeiro.

Além de sua fama como empresário, o envolvimento de Henrique com esses aspectos da cultura popular foram aumentando sua notoriedade. Um caso bem exemplar aconteceu em Belém do Pará, nos anos 1930, quando prenderam o norte-americano Harry Brown. Ele enfileirou uma série de mentiras na expectativa de ser solto: que era grande aviador no Exército de seu país, depois virou membro das forças armadas da Áustria, campeão de xadrez no México — e por último se disse secretário de... Henrique Lage.

O Estado Novo

O deputado eleito Henrique Lage não hesitou em apoiar o fechamento do Congresso e a instalação da ditadura do Estado Novo de Getúlio Vargas em 1937. Apesar do nebuloso caso de sua prisão, em 1930, o empresário foi aos poucos se aproximando do presidente. Henrique passou a ter trânsito no Palácio do Catete, a sede do governo. Havia momentos de alguma tensão entre as decisões governamentais e os seus interesses empresariais, mas no geral o clima era de harmonia. Sem contar que Vargas prestigiava Besanzoni, e ela retribuía.

Henrique se dizia amigo de Getúlio, uma amizade de difícil comprovação, pois em seus diários o ex-presidente não mencionou uma única vez o "amigo". Na mais completa biografia do jornalista Lira Neto sobre Getúlio Vargas não existe qualquer menção a essa amizade. Nem sua esposa, dona Darcy, ou a filha, Alzira, nem seu genro, e companheiro de parlamento, Ernani do Amaral Peixoto, registraram uma palavra sobre o casal Gabriella e Henrique.

Fora as relações pessoais, a construção de um governo forte e centralizador não era algo que desinteressava os empreendimentos de empresários como Henrique. Até porque ao longo de sua trajetória ele fizera inúmeros discursos pedindo a proteção dos produtores nacionais, uma marca do varguismo. Existiam bons motivos para ele acreditar que a hora dos empresários brasileiros enfim chegara, pois assim estava acontecendo nos países mais avançados, independentemente da coloração ideológica.

Uma nova Constituição foi promulgada, facilitando a intervenção estatal tanto na esfera empresarial como em suas relações com o mundo do trabalho. Com uma concentração inédita de poderes em suas mãos, o presidente ditador governaria por meio de decretos-leis. Com um apoio militar que entendia o desenvolvimento industrial como única forma de o Brasil ser realmente independente, o governo apostou na transformação da paisagem econômica: o país deixaria de ser uma nação agrícola e renasceria como potência industrial, cabendo à ditadura minimizar os efeitos de tão profunda transformação. Os industriais brasileiros apoiaram de forma quase que incondicional o governo autoritário de Vargas.

Dos sete anos anteriores, Vargas manteve os órgãos técnicos que avaliavam diversos setores da nossa economia. O melhor exemplo foi o Conselho Federal de Comércio Exterior, criado em 1934. Depois do Estado Novo, ele ganhou poderes e virou tanto um órgão de assessoria ao presidente como um elo de comunicação com o setor industrial. Assim foram também os casos do Conselho Técnico de Economia e Finanças, do Conselho Nacional do Petróleo, do Conselho Nacional de Minas e Metalurgia, do Instituto Nacional do Sal e da Comissão de Marinha Mercante.

Não se pode esquecer que já se respirava um clima bélico pesado no final da década de 1930. Na Itália, Mussolini já governava desde 1922 e em 1935 invadiu a Abissínia, na África. No ano seguinte, a guerra civil na Espanha contou com a participação de alemães, italianos e soviéticos. Em 1937, o Japão atacou a China, e a Alemanha anexou a Áustria e ocupou os Sudetos.

A conjuntura nacional e internacional batia à porta do Parque Lage.

A pré-guerra na capital do Brasil

O clima cada vez mais pesado no mundo atingiu o Rio de Janeiro em cheio. O Panamá, por conta de seu canal, e a costa do Nordeste do Brasil eram os dois pontos mais estratégicos da América Latina caso o mundo entrasse em guerra. O país da América Central, com administração norte-americana, controlava a passagem de dois oceanos vitais, o Atlântico e o Pacífico. Já no caso brasileiro, o interesse era duplo. Primeiro por ser ponto vital para o controle do Atlântico Sul. A costa nordestina era o extremo mais perto tanto da África como da Europa e, em caso de conflito, teria grande valor militar. Além disso, o Brasil era grande fornecedor de matéria-prima: ferro, manganês e quartzo. Isso era sabido nos Estados Unidos, na Itália, na Alemanha e aqui.

Qual deveria ser o comportamento da diplomacia brasileira? O Estado Novo e a instalação de uma ditadura nos aproximaram de italianos e alemães. Sem contar que tínhamos uma ótima relação comercial com a Alemanha. Entre 1934 e 1939, nossas exportações para o país de Adolf Hitler tinham dobrado. Nos estados do Sul, Rio Grande, Santa Catarina e Paraná, havia uma massa gigantesca de descendentes de alemães. Logo após a implantação do Estado Novo, foram assinados importantes contratos na área militar com a fábrica alemã Krupp.

Com os italianos era um pouco diferente, mas havia um clima muito cordial. Um dos diplomatas de Mussolini no Brasil, Luís Sparano, tinha bom trânsito no Palácio do Catete. Contudo, Osvaldo Aranha, homem da maior confiança de Getúlio, embarcou no *Augustus*, transatlântico de bandeira da Itália, em fins de 1934, para se encontrar com o ditador fascista e discutir um acordo comercial, mas não foi recebido. Ficou cinco dias tentando. Acabou desistindo e embarcando para Nova York. O encontro com Mussolini não aconteceu porque o ditador não estava na cidade. Ao longo da viagem, segundo Moniz Bandeira, escreveu ao amigo no

Brasil: "A Itália, nação pobre, sem matérias-primas, para manter-se como grande potência, está reduzida a trabalhar dia e noite para o seu governo e este pela obsessão da supremacia mediterrânea e, agora, no centro europeu [...]. A Itália, Getúlio, está militarizada da cabeça aos pés."

Já os norte-americanos não receberam bem a implantação do Estado Novo. O problema nem era ideológico, mas de ordem econômico-financeira. Para satisfazer os companheiros revolucionários de 1930, Getúlio suspendeu o pagamento da dívida externa. Tal medida muito mais calculada contra os interesses dos setores do café do que uma decisão anti-imperialista, que desagradou muito o Departamento de Estado em Washington. Entretanto, na avaliação da Casa Branca, liderada pelo democrata Franklin D. Roosevelt, não era hora de ser duro com o Brasil.

Antes da guerra, o presidente Roosevelt esteve na capital brasileira. Foi recebido nas casas de E. G. Fontes, no Alto da Boa Vista, e na de Carlos Guinle, na praia de Botafogo. Ele voltaria mais tarde, em 1943, já em plena Segunda Guerra Mundial.

Ao mesmo tempo que as relações com os EUA ficavam turvas, a Alemanha tentou se beneficiar. Vargas aproveitou a brecha para tirar proveito da situação. O clima de polarização — com as forças do Eixo, Alemanha e Itália, de um lado, e do outro os Estados Unidos — foi sentido no Rio de Janeiro de forma bem clara.

A Alemanha de Hitler mandou para o Brasil, no período anterior à guerra, o diplomata Karl Ritter, um nazista de primeira linha. No dia da entrega de suas credenciais, Ritter posou dentro do Palácio do Catete para a imprensa fazendo a saudação nazista.

O diplomata falava bem o português e era muito solícito com os jornalistas. Levou muitos artistas, intelectuais, estudantes e oficiais do Exército para conhecer seu país; viajavam pela Condor, subsidiária da Lufthansa. Era tão competente que participou de momentos decisivos do pré-guerra: impediu a Liga das Nações de ajudar judeus que fugiam da Alemanha nazista, negociou com os franceses a reintegração do Sarre ao Terceiro Reich e foi um dos mentores da legislação sobre a anexação da Áustria. Quando saiu do Rio de Janeiro, foi para Moscou negociar o pacto mais improvável, o Ribbentrop-Molotov, acordo que do dia para a noite fez de comunistas e nazistas bons amigos. No fim da guerra, foi preso pelo 3º Exército dos Estados Unidos, julgado no tribunal de Nuremberg e condenado à prisão. No Brasil, criou a mais extraordinária máquina de espionagem da América do Sul.

Na capital brasileira, os alemães compraram um cinema, o Cine Broadway, para projetar filmes de propaganda nazista. Também cooptaram órgãos de imprensa, como as rádios Ipanema, Jornal do Brasil, Tamoyo e Mundial. Os jornais *Meio-Dia*, *Gazeta de Notícias* e o *Diário de Notícias* da Bahia eram simpáticos ao governo de Hitler. Do outro lado, apoiando os Aliados, estavam *O Globo*, *A Noite*, *Diário da Noite*, *A Notícia* e *Vanguarda*. Nessa época, disse o jornalista Joel Silveira, "Todo mundo era espião de todo mundo".

Os italianos foram os precursores na tentativa de "conquista" do Brasil. Mussolini chegara ao poder no início da década de 1920 e desde então o Brasil fora alvo prioritário. A Itália promoveu diversos investimentos no setor de comunicações e inaugurou em 1926 um cabo telegráfico unindo os dois países.

Além disso, a política italiana no Brasil passava sempre pela cultura. Por exemplo, Walter Mocchi, esposo de Bidu Sayão, se reunia com Mussolini para incrementar ao máximo os valores da Itália em seus teatros pela América do Sul.

Também esteve no Brasil, antes da guerra, o conde Galeazzo Ciano, genro do líder fascista e o número dois na hierarquia governamental da Itália. Durante a guerra, foi o grande interlocutor entre italianos e alemães. Tratou pessoalmente com Adolf Hitler e Hermann Göring diversas vezes. Cianno morou no Rio de Janeiro como membro do corpo diplomático. Em 1939, pouco antes da guerra, a filha de Mussolini e a esposa do número dois, Edda, também visitaram a capital.

Em uma festa no Palácio da Guanabara em sua homenagem, conheceu o norte-americano que depois disputaria o Prêmio Nobel da Paz com o marechal Cândido Rondon, general George Marshall. Naquela ocasião, italianos fascistas e norte-americanos democratas terminaram a noite no Cassino da Urca prestigiando o show da francesa Josephine Baker.

A Itália fascista desenvolvera desde os anos 1920 a ideia de pátria em expansão. Por essa política, caberia a cada imigrante italiano tornar-se símbolo e instrumento do regime. Dos filhos da Itália fascista no Brasil se esperava muito; cada um deles deveria ser um exemplo da nova pátria que estava sendo reerguida por Mussolini. No início dos anos 1930, o ministro das Relações Exteriores italiano chegou a pensar em promover um movimento separatista, no qual o sul do Brasil se declararia uma nação independente. A ideia não prosperou, mas eram esperados alguns requisitos dos italianos no ultramar: que tivessem muito filhos e que reproduzissem os altos valores da cultura da pátria.

E como teria se comportado Gabriella Besanzoni?

Besanzoni e sua família eram próximos aos Mussolini. Em sua casa, ela ostentava dois retratos em posição de destaque, ambos com dedicatórias, do Duce e de Cianno. Em Berlim, também antes da guerra, na Embaixada da Itália, ela esteve radiante com um príncipe alemão da casa de Hohenzollern e com o poderoso marechal Göring.

Gabriella já morava no Rio de Janeiro, em setembro de 1925, quando desembarcou o jovem Galeazzo Ciano. Ele era então secretário do embaixador Giulio Cesare Montagna, e durante sua estadia no Brasil aconteceram relevantes encontros da comunidade italiana. O primeiro foi logo no verão de 1926, e só os fascistas foram convidados. As maiores autoridades do *fascio* carioca estiveram presentes, os senhores Cellini e Luigi Sciutto. Não se sabe se Gabriella já mantinha a casa na rua das Laranjeiras, vizinha à embaixada, mas ela não compareceu ao encontro.

Curiosamente, em 1926, ela também não participou da grande festa realizada na Embaixada da Itália na rua das Laranjeiras, 154. De acordo com a imprensa carioca, "Todo alto mundo político, as figuras mais graduadas e distintas do corpo diplomático e estrangeiro e os elementos mais prestigiosos da sociedade brasileira compareceram à recepção". O mais interessante foi a parte artística do festejo, com a presença do melhor do mundo lírico da cidade.

Por outro lado, muito antes da situação na Europa ficar tensa em 1929, ela e a irmã Adriana foram a uma festa no *fascio* carioca, na praia de Botafogo, 216. O encontro-reunião era para celebrar alguns italianos ilustres — os coronéis Bianchi e Ludovico Ceni, o professor Solperto e Cresti Giuseppe.

Nomes de primeira grandeza do fascismo italiano visitaram as maiores colônias no Sul do Brasil. Portanto, não faltaram ocasiões para Gabriella se envolver com a máquina publicitária de Mussolini. Inexplicavelmente, não existem relatos de sua participação em nenhum deles.

Já Henrique Lage ganhou dos italianos uma comenda — cabe realçar que fora uma indicação do governo fascista, mas concedida pelo rei Vitor Emanuel. Contudo, como homem de negócios, Henrique Lage não era fiel a ideologias. Fazia seus negócios conforme os interesses de suas empresas.

Mantinha empreendimentos com os norte-americanos desde o início da década de 1920, quando abriu em Nova York a Lage Brothers & Co, que funcionou na avenida Broadway, 160. A empresa não durou muito tempo e ele passou a ser representado por John F. Trow, Bert V. Smith, P. Talcot e por Frederico Lage. Fred era sócio da casa bancária Zunbrie, de Nova York.

A lista de países com os quais os Lage negociaram era bem extensa: Argentina, Uruguai, Paraguai, Inglaterra, Suíça, França, Itália e Estados Unidos. Porém, na medida em que a guerra se aproximava, as possibilidades de negócios foram ganhando novos e reduzidos contornos. Como nunca antes, seus interesses comerciais estavam ligados aos destinos do presidente Getúlio Vargas e às decisões do Estado Novo.

Abordagem e deriva

Desde meados da década de 1930, Henrique passou a alimentar um sonho bem audacioso, o da unificação das empresas de cabotagem. Culpando a competição como sendo mortal para as companhias de navegação, ele pretendia acabar com essa prática e reunir todas elas — claro, sob o seu comando. Em maio de 1935, ele estava a caminho de Buenos Aires e, em escala em Porto Alegre, falou para alguns jornalistas: "Se não se cumprir o programa do presidente Vargas de unificação de todas as companhias de navegação de cabotagem a crise continuaria. Só com a unificação teremos fretes baratos!"

Não era bem essa a proposta do governo federal, que pensava muito mais em um projeto estatal. Com verba do Tesouro Nacional, a ideia era reorganizar o setor com a criação de uma nova sociedade de capital misto, mas com o Estado controlando 60% das ações. Esse argumento contou com a simpatia de vários setores da sociedade, uma vez que a cabotagem nacional vivia em crise. Ao mesmo tempo, a possibilidade de unificação foi interpretada como uma jogada para beneficiar o grande magnata do setor, Henrique Lage. O debate mobilizava e dividia as opiniões.

Lage já era o grande senhor da navegação costeira nacional controlando diversas empresas — Costeira, Lloyd Nacional, São João da Barra, Serras e Sociedade Brasileira de Cabotagem — de forma unificada. Portanto, em tese, ele seria o nome ideal para comandar a nova empresa. Com apoio de Pedro Brando, que era então dono de embarcações avulsas, e que também sofria com a guerra de fretes, e no sentido de avançar na construção da ideia de navegação centralizada, Henrique resolveu comprar a Amazon River Steam

Navigation Company e os navios da Companhia Carbonífera Rio Grandense. De acordo com o historiador Carlos Alberto C. Ribeiro, seria uma tática para facilitar a defesa da criação da tão sonhada empresa única. O plano, no entanto, ao menos em parte, emperrou, pois houve um impedimento inesperado na hora da compra da empresa gaúcha.

Já a aquisição da companhia na região amazônica aconteceu sem maiores percalços, até porque era uma empresa mergulhada em grave crise financeira. Sem contar que seus barcos estavam sucateados e havia problemas em relação aos salários dos funcionários. A compra da Amazon River foi muito festejada por setores da imprensa. Em mãos de um brasileiro, a região seria beneficiada, já que, além do setor da borracha e da castanha, vivia-se um momento favorável e, enfim, os problemas de transporte poderiam estar chegando ao fim.

Em 1937, já com Lage como controlador e Pedro Brando como presidente, a velha Amazon River, fundada em 1911, ganhou novo nome e virou Companhia Brasileira de Navegação do Rio Amazonas. Em seguida, começou o seu processo de saneamento financeiro com a assinatura de um contrato com o governo federal e a obtenção de subsídios de 4,5 mil contos anuais, com o compromisso de renovação da frota. Mesmo assim, a empresa, que servia dois estados da federação, seguiu com graves problemas financeiros.

Toda essa movimentação de Henrique em se tornar o empresário monopolístico da cabotagem do Brasil era acompanhada de modo ambíguo por Getúlio, que não se opunha frontalmente, tampouco o apoiava de forma clara. O caso em que se meteu na região amazônica era bem exemplar. O projeto fracassou e não houve forma de tornar a antiga Amazon River uma empresa rentável. A solução para resolver a difícil situação de uma empresa estratégica para os estados do Amazonas e do Pará era a encampação pelo Estado — um revés gigantesco para quem sonhava ser o único dono das empresas de cabotagem. De forma defensiva, passou a dizer que a empresa era pouco significativa dentro do quadro da navegação nacional.

Quando ficou estabelecido que a empresa seria enfim encampada, Lage correu para tentar reaver a fortuna que investira e escreveu uma carta ao presidente. Não obteve resposta favorável e insistiu cobrando uma parte menor dos quase 20 mil contos que colocara no negócio. Mais uma vez ficou sem resposta.

Henrique, em muitos momentos, era duro, mau e voluntarioso com seus interlocutores. Pedro Brando dizia que era tido como um homem de fraco poder de argumentação, especialmente quando achava o interlocutor desinteressante. Outros o achavam egoísta, presunçoso e seco, mas quem o conhecia de perto sabia que ele era afetuoso no trato, de conduta moderada e frugal de gosto. Brando afirmou com todas as letras que era bom e simples, apenas movido por ímpetos criadores que fizeram dele não raro uma pessoa impaciente. Já com Getúlio Vargas Henrique era sempre contido.

Em setembro de 1938, na Companhia Nacional de Navegação Costeira, em sua bela sede na avenida Rodrigues Alves, celebrava-se uma relevante inauguração. Com a presença de Gabriella Besanzoni, ainda como gestora do Theatro Municipal e encabeçando a S.A. Teatro Brasileiro, além de políticos, amigos da família Lage e da imprensa, foi inaugurado com pompa e circunstância um retrato em homenagem ao presidente Getúlio Vargas. Henrique fez um discurso recheado de adjetivos aduladores. Apesar de tudo, Henrique e Getúlio se mantinham próximos.

Outro motivo que renovara seu ânimo foi a nomeação do novo ministro da Viação e Obras Públicas, João Mendonça de Lima, companheiro no extinto Partido Autonomista. Em seu discurso de posse, prometera a construção de um novo Brasil que seria forte, pois com a ajuda dos construtores nacionais produziria tanto barcos de guerra — couraçados e submarinos — como para transporte das riquezas agropecuárias do país. Aparentemente, dessa vez o Brasil não ficaria desprevenido contra as turbulências que se avizinhavam no horizonte, como acontecera na Primeira Guerra Mundial. O governo de Getúlio estava de fato disposto a bancar a reestruturação da precária infraestrutura brasileira: o presidente pretendia modernizar muitos setores estratégicos, como o ferroviário, o naval (compreendendo instalações portuárias e construção de barcos) e o energético (do carvão ao petróleo). Um grande esforço para se conseguir a maior meta, a instalação da siderurgia.

Henrique se sentia muito bem nesse ambiente. Nunca antes seus ambiciosos planos estiveram tão perto de ser alcançados. Ao fim da década de 1930, sua saúde estava cada vez mais afetada pelo problema na perna, e, de acordo com as informações prestadas por Gabriella ao seu biógrafo, a falta de saúde tirava um pouco de sua credibilidade, pois ele poderia ter que se afastar definitivamente do comando de seus negócios. Ela revelou que desde o acidente em 1928 ele nunca tomara nenhuma medida efetiva para se curar. A diva lembrava que, logo após o acidente na Inglaterra, com a saúde em frangalhos, ele falava diariamente por telefone com o Rio de Janeiro. Em geral eram conversas tensas, decisões difíceis que dificultavam o seu restabelecimento. Para ele, ao fim da década, mais importante do que sua própria saúde era agarrar a oportunidade de colocar os velhos planos em marcha.

Confiando no vento favorável, nos discursos nacionalistas e no ânimo ufanista do novo regime, e contando com o Banco do Brasil na retaguarda, Henrique logo reorganizou o setor industrial da ilha do Vianna para retomar a construção naval. Após um encontro com o presidente, negociou um empréstimo de 50 mil contos de réis e ofereceu como garantia seus barcos avaliados em mais que o triplo do que fora demandado, e ainda os subsídios governamentais do Lloyd. Enquanto um novo navio ia surgindo em seu estaleiro, o empréstimo ia se esvaindo nos corredores da burocracia estatal. Mesmo assim, ele não desanimou e resolveu dobrar a aposta — tentaria fazer negócio fora do país. Foi assim que surgiram as propostas de duas empresas inglesas, de Campbell & Sons e The Marine Navigation Company Ltd.

O relato de Pedro Brando, seu fiel colaborador, sobre esses contratos com os ingleses é significativo:

> Sem que ninguém pudesse supor e o próprio Lage o esperasse, veio de Londres, através da embaixada aqui, uma consulta para os estaleiros da ilha do Vianna sobre a construção de seis navios pesqueiros (*trawlers*). Imagine-se o contentamento de Henrique Lage: "Estamos na iminência de uma guerra e os ingleses se lembram dos meus estaleiros." Sem ouvir quaisquer dos seus conselheiros técnicos, recebeu os planos, fez o contrato, assinou pela Costeira e somente depois chamou os diretores para referendarem o ato. Isso foi uma quinta-feira de julho de 1939.
>
> Na sexta-feira à tarde, como era seu hábito, Henrique Lage veio ao Lloyd Nacional. Eu já soubera, por fora, da existência do contrato. Aparece-me radiante e me diz: 'Agora já temos outra receita; leia esse contrato e ria sozinho' (a expressão final era muito sua). Depois que se retirou, fui ler o contrato. Não me parecia nem bom nem mal, mas havia o grande nó das condições de pagamento — a primeira prestação só venceria no lançamento de cada navio! Como íamos financiar a obra?

Caberia ao estaleiro de Henrique o financiamento dos barcos ingleses. Quando faltou fôlego financeiro ao empreendimento, Henrique foi bater à porta do Banco do Brasil. Para piorar o que já era caótico, os norte-americanos foram bombardeados em Pearl Harbor e entraram na guerra. Henrique foi obrigado a acelerar as compras para seguir construindo.

E não era o único problema de Henrique. A Costeira, no início da década de 1940, seguia o seu calvário financeiro. O então diretor tesoureiro da empresa, Thiers Fleming, sugeriu algumas providências que não foram acatadas. Henrique acreditava na existência de um complô familiar para derrubá-lo. Desconfiava dos irmãos Renaud e Fred, e de um sobrinho.

No ano seguinte, 1941, houve um novo dissabor. O governo cortou todos os subsídios às empresas navais, além de isenções ao setor da construção naval. Outra vez, só uma pessoa poderia salvá-lo: Getúlio Vargas.

O sal Ita

Em meado do mês de maio de 1940, ocorreu uma reunião no Ministério da Agricultura para discutir o preço do sal. O ministro Fernando Costa mediava a discussão entre vários setores envolvidos com a produção e o consumo do produto. De um lado os criadores de gado reclamavam o seu alto preço, do outro os produtores reclamavam do custo dos fretes. Alguns produtores diziam que ocorria uma majoração de preços, desde a salina até os centros consumidores, de até dez vezes. Em nome dos salineiros e do governo do Rio Grande do Norte, falou Deoclécio Soares, que defendeu a criação de um órgão regulador do preço. Outro produtor do Estado do Rio de Janeiro sugeriu ao ministro que levasse ao presidente da República a necessidade de criação do Instituto Nacional do Sal. Quase todos concordaram, com a exceção de Henrique Lage. Ele não tinha dúvidas de que a interferência estatal no setor acabaria majorando os preços do produto.

O sal brasileiro, que já suplantara a etapa das suspeitas sobre a sua qualidade, vivia um novo drama, o da produção irregular. Ora havia escassez, ora superprodução. A entrada da mão interventora do Estado no setor não era bem-vista por Henrique por um motivo bem simples. No fim da década de 1930, a produção nacional era de aproximadamente 500 mil toneladas. Apesar de dar conta das necessidades do mercado nacional era muito abaixo da média mundial, ou seja, o ideal seria o Brasil, entre consumo humano e animal, produzir algo na casa de 900 mil toneladas anuais. Henrique não podia apoiar uma medida que limitava pela metade a capacidade das salineiras. A verdade é que a sua atuação pelo setor foi decisiva para o Brasil se livrar da dependência internacional, uma conquista que só aconteceu no ano de 1935.

Em 1939, ano anterior à criação do instituto, a produção despencou gravemente. Havia muita insegurança sobre o futuro do setor. O sal era produzido basicamente em dois estados e em condições bem precárias. A presença do Estado era, sobretudo, uma demanda dos estados produtores e das pequenas salinas, que não conseguiam comprador, tampouco embarcar o produto para os principais mercados consumidores. Outro problema era a grande diferença de preço entre o que recebiam os produtores e o que pagavam os consumidores. No meio do caminho acontecia a majoração causada por diferentes motivos: quatro impostos diferentes, custos de embarque e embalagem, seguro marítimo e o preço do frete.

O estilo agressivo de Henrique tornou a produção de sal uma atividade próspera. Ele comprou grandes quantidades de terras na região dos Lagos, no estado do Rio de Janeiro. Diferentemente de outras regiões do país, a lagoa de Araruama, por questões muito específicas, é a de maior salinidade do Brasil. Logo, houve um claro aumento da produtividade. O setor era tão pujante que na década de 1950 o sal era a principal atividade econômica de Araruama, São Pedro da Aldeia e Cabo Frio.

Sempre que enfrentava esse tipo de adversidade, Henrique Lage dizia: "Deixa correr, os governos vão passando e nós continuamos trabalhando."

Embarcando carvão

Uma das marcas do período ditatorial de Getúlio Vargas foi o estabelecimento da censura aos meios de comunicação. Críticas ao seu governo eram impensáveis. Mesmo assim, nem sempre seus amigos, como Henrique Lage, escapavam de duras reprimendas ou denúncias. Foi o caso do jornal *A Notícia*, em julho de 1937, que dizia:

> O Ministro do Trabalho deveria investigar as minas de carvão de Santa Catarina. Os mineiros sofrem os maiores perigos nos subterrâneos escuros e insalubres. Vítimas do capitalismo desalmado e ambicioso.
> A situação do heroico mineiro do sul catarinense é assim, misérrima e apavorante, porque os possuidores de milhões perderam, sugestionados pelo ouro, a noção dos princípios cristãos [...] acontece aos desbravadores das nossas riquezas representadas em minério em Lauro Muller recanto catarinense da usura e do predomínio nefasto do Sr. Henrique Lage.
> Para que existem leis trabalhistas no Brasil?

O Estado Novo também criou o Departamento Nacional de Produção Mineral (DNPM). Os velhos planos de Henrique para o setor no fim dos anos 1930 também ganharam fôlego. A legislação que havia beneficiado o carvão nacional com uma reserva de mercado de 10% com o Decreto nº 1.828, de 21 de julho de 1937, ampliava em 20% o consumo obrigatório do produto brasileiro. A estratégia de proteger o setor carbonífero catarinense seguiu no ano seguinte, com auxílio financeiro, por meio do Banco do Brasil, que injetou capital para construção de usinas de beneficiamento, o desenvolvimento de transporte, o aparelhamento dos portos e a encampação da deficitária E. F. Teresa Cristina. O decreto também visava à redução do custo dos fretes e da carga e descarga dos portos.

Mas, amigos, amigos, negócios à parte. Vargas, na "hora H", não aceitou ajudar o setor com dinheiro público, pois considerou a nova legislação suficiente para incrementar a produção. Apesar dos novos dissabores, sem dinheiro, sem ajuda para o porto, e, além do mais, sem o controle da ferrovia, o carvão brasileiro acabara de ganhar um generoso benefício de 20% do mercado. Lage ainda tentou convencer o presidente a não se apropriar da via férrea, pois Henrique sabia que em breve haveria uma mudança total no consumo de carvão no país. Contudo, não obteve sucesso.

Até então, o produto era usado para mover usinas de gás, navios e trens, mas nos últimos anos o seu aproveitamento era cada vez maior. Com a produção aprimorada, a sua utilização em vários setores havia aumentado. Outra questão relevante era a discussão da construção do setor siderúrgico. No início dos anos 1940, o tema carvão mudou totalmente de patamar. Apesar da guerra, o assunto passou a ter status de segurança nacional. Foi nesse quadro que o governo reuniu os maiores produtores e cobrou mais eficiência, e assim surgiu, em 1940, a Cooperativa de Produção Carbonífera Sul Catarinense, sendo Henrique Lage o presidente.

O ambiente beligerante, como já acontecera na Primeira Guerra Mundial, alterara a dinâmica das importações do carvão inglês. Doravante, as vendas teriam que ser direcionadas. Dessa vez os setores fundamentais da vida do país não iriam parar a Central do Brasil, as empresas de gás e o maior cliente do setor, a navegação. Mesmo assim, aos poucos, esses segmentos começaram a sentir a falta do mineral. A empresa de gás da capital e a Central do Brasil foram entrando em colapso. Portanto, era imperioso aumentar a produção brasileira de carvão.

Ao mesmo tempo, estava em marcha o projeto de construção da primeira usina siderúrgica, uma devoradora insaciável do produto. Desde 1939, já estava trabalhando a Comissão Executiva do Plano Siderúrgico Nacional, com a participação de Edmundo Macedo Soares e Guilherme Guinle. No ano seguinte, Vargas estabelecera por decreto a criação da Companhia Siderúrgica Nacional (CSN). Muitos obstáculos deveriam ser vencidos antes do início da atividade de seus altos-fornos, mas em breve o Brasil entraria para valer na era industrial.

Antes mesmo da inauguração do porto, Imbituba já era uma cidade bem organizada. Além de toda a infraestrutura, se orgulhava de ter um dos hotéis mais sofisticados do sul do Brasil, com a recepção e os corredores cobertos de tapetes persas vermelhos e porcelanas inglesas. Os tempos românticos de construção da indústria carbonífera agora faziam parte do passado. Ninguém mais imaginava ver Henrique Lage como foguista de trem, como acontecera em 1927, quando ele conduziu pessoalmente o seu primeiro carregamento de carvão para a cidade. Logo, o porto de Imbituba entraria em atividade. O país parecia estar mais bem preparado para os tempos sombrios que se avizinhavam.

Nervos de aço

No início de agosto de 1941, na ilha do Vianna, Henrique Lage reuniu uma série de autoridades para celebrar o sétimo ano de fundação do Instituto de Aposentadoria e Pensões dos Marítimos (IAPM). Estavam presentes Alzira Vargas, filha do presidente, e seu marido, Ernani do Amaral Peixoto. Além de festejar os pagamentos de 373 aposentadorias e 554 pensões, Lage fez o seguinte discurso festivo:

> Na defesa dos supremos interesses da nação, o momento exige o aproveitamento de todos os nossos elementos de resistência. [...] Nessa casa, esforços de quatro gerações têm procurado oferecer ao Brasil esses elementos de resistência, empolgados pelas indústrias básicas do ferro, do carvão e do navio.

Após o almoço festivo, os convidados dirigiram-se ao local em que se achava instalado um forno Siemens-Martin, onde podia ser fabricado aço para fundição, forja e laminação. As instalações já estavam em funcionamento. O velho sonho começado anos antes no Gandarela enfim estava funcionando.

Entre os principais projetos de Henrique, o único em que sua família não tinha know-how era o de metalurgia. As incertezas eram inúmeras sobre quais seriam as fontes fornecedoras do minério de ferro e a tecnologia a ser utilizada, sem falar em todas as polêmicas sobre o carvão. A sua presença em Minas Gerais e o desenvolvimento do Gandarela não foram suficientes para deslanchar o velho sonho de fabricar aço no Brasil.

Foi nesse contexto que, anos antes, em 1937, surgiu um novo projeto de Henrique em outra região do país, no Paraná. Em nova tentativa para a produção siderúrgica, foi criada a Sociedade Anônima Companhia Mineração e Metalurgia São Paulo-Paraná. Apesar de se localizar no estado sulista, e ter o nome do estado paulista, sua sede seria na capital do país. A nova empresa começou suas atividades se valendo da expertise de Henrique na indústria do carvão, sempre tendo uma das bases do seu tripé como alvo.

Em Minas Gerais, e no improvável Paraná, a luta pelo aço enfim lhe rendeu um momento de enorme esperança. Em 1939, ele enviou uma carta ao presidente Vargas contando: "Fundimos quatro corridas de aço com coque de carvão nacional. Na semana vindoura iniciaremos a fabricação de aço com matéria-prima e adições de correções, bem como refratárias, totalmente nacionais, inclusive forno e pessoal." Isso tudo na ilha do Vianna, que recebia a matéria-prima vinda de Minas Gerais. O obstáculo maior era o tecnológico: em que instalações fundir e produzir? A primeira tentativa ocorreu anos antes, em 1937, quando ele colocou em funcionamento um redutor de aço Bessemer, abastecido com carvão de madeira, que produzia ferro-gusa de baixa qualidade. Era cada vez mais evidente que em pouco tempo Henrique Lage estaria realizando um velho sonho, produzir aço brasileiro.

Por isso, ficou decidido que era chegada a hora de alterar a razão social dos estaleiros da ilha do Vianna. Com matéria-prima nacional e a aquisição do alto-forno alemão da Siemens, logo Henrique estaria liderando uma atividade de grande interesse estratégico, pois estava relacionado diretamente com a defesa militar do Brasil. O projeto estava tão adiantado que nas instalações da ilha havia ainda, segundo Carlos Alberto C. Ribeiro, "fornos de cadinho para ferro, aço, bronze e ligas leves, tendo como especialidade a fabricação dos mais diversos produtos, como aço laminado, aço fundido, peças e máquinas".

Não obstante seus interesses industriais, todas essas iniciativas de Henrique, algumas até ingênuas, visavam influenciar o debate que estava em curso sobre a instalação da siderurgia no Brasil, especialmente pela presença de estrangeiros no negócio. A participação na Itabira Iron de Percival Farquhar incomodava. Na medida em que a guerra se aproximava, o tema ganhou outra dimensão. Caberia ao setor público ou privado o pioneirismo no setor siderúrgico? Quem financiaria e qual tecnologia seria adquirida? Qual tecnologia seria importada? E tudo isso em plena polarização internacional, o mundo dividido entre as forças Aliadas e do Eixo.

O debate já estava em curso desde o fim da década de 1930. Uma discussão que se arrastava entre opiniões divergentes e certa falta de certeza do próprio Vargas. Aos poucos, o governo começou a se movimentar na direção da maior presença estatal; primeiro centralizando as exportações do minério de ferro, depois com a criação da Comissão Preparatória do Plano Siderúrgico Nacional apontou claramente na direção da opção estatizante. As tomadas de decisão foram acompanhadas por meio de relatórios técnicos realizados por engenheiros da United States Steel Corp. A aproximação com os norte-americanos não representou naquele momento o alijamento dos alemães.

Com todo o apoio logístico de Henrique, que forneceu amostras do seu carvão para análise, aos poucos o projeto estatal foi sendo rascunhado. Concluíram que a usina deveria ser erguida em local perto do Rio de Janeiro; a empresa deveria ser uma sociedade anônima; e o carvão nacional poderia ser aproveitado, mas misturado ao importado, pois ninguém saberia dizer qual seria o seu rendimento em um alto-forno. O relatório também recomendava que a empresa norte-americana não devesse ficar de fora do negócio.

Assim, Vargas enviou dois membros da comissão siderúrgica, Guilherme Guinle e Edmundo Macedo Soares, para os Estados Unidos. Tudo levava a crer que seria rapidamente resolvido, mas houve muita resistência entre grandes produtores norte-americanos, que não viam com bons olhos a ajuda ao Brasil. É bem provável que a decisão de Vargas de não descartar a possibilidade de levantar uma siderúrgica com capitais e tecnologia da Alemanha, ou seja, comprar da poderosa Krupp os equipamentos necessários, tenha tido um peso relevante.

Após uma dura negociação nos Estados Unidos, finalmente o Banco de Exportação e Importação (Eximbank) se dispôs a emprestar U$ 20 milhões para a construção da primeira usina siderúrgica brasileira. Mais tarde ficou estabelecido que a usina estaria localizada em Volta Redonda, com Guilherme Guinle à frente da companhia, e que parte do carvão seria nacional. Um enorme ganho e uma grande perda. O velho sonho do carvão agora deslancharia de forma inequívoca, mas o ideal de produzir seu próprio aço acabaria devorado pela empresa criada pelo Estado brasileiro.

A Guerra

O almoço já estava para ser servido a bordo do *Itagiba*. O velho Ita de 29 anos, um barco de fabricação escocesa, não era nem uma pálida lembrança dos bons tempos da Costeira de Navegação. Os passageiros agora eram basicamente soldados do 7º Grupo de Artilharia de Dorso, e viajavam levando equipamento militar para guarnecer destacamentos em Pernambuco e na ilha de Fernando de Noronha. A época de ouro dos Itas e seus elegantes capitães britânicos fazia parte do passado. No comando estava José Ricardo Nunes, que da ponte observava o farol de São Paulo. As condições climáticas não eram das melhores, pois o mar estava mexido e havia fortes ventos; contudo, só faltavam 30 milhas náuticas para atracar em Salvador.

De repente, ao lado direito do barco, embaixo da escotilha do porão número três, um torpedo causou uma violenta explosão. Passageiros, tripulantes e diversos objetos foram arremessados e praticamente todas as janelas de vidro se espatifaram. Uma confusão se instalou, com as pessoas buscando salva-vidas e tentando embarcar nos botes de resgates.

Um dos últimos a subir na baleeira fora o imediato Mario Hugo Praun. Assim que subiu, percebeu que não haveria tempo de se afastar do navio, que afundava bem em cima de seu pequeno barco. Não pensou duas vezes e se jogou ao mar. Quando voltou à tona, começou a nadar. Outro bote se espatifou ao cair no convés. Tomado de pavor, o soldado Pedro Paulo Moreira se atirou na água e quase foi levado junto pelo empuxo do navio para o fundo do mar. Com grande esforço, retornou à superfície, mas, para seu desespero, viu muitos companheiros de farda sendo atacados por tubarões. Enquanto isso, quatro botes eram resgatados pelo *Aragipe*. Os demais foram sendo salvos por outro navio que estava na área, o cargueiro *Arará*.

Quem também seguia nas imediações era o submarino U-507 da Kriegsmarine, a Marinha alemã nazista. O barco comandado pelo capitão de corveta Harro Schacht recebera ordens para executar "manobras livres" e até então já tinha levado a pique uma dezena de barcos.

Por volta das 16 horas, o U-507 voltou com carga total, dessa vez contra o *Arará*, acertando em cheio um torpedo na casa das máquinas. Uma explosão tão violenta que poucos minutos mais tarde o barco afundou. Por volta das 18h30, os primeiros sobreviventes começaram a atingir o litoral na localidade de Valença. Nem todos tiveram a mesma sorte do soldado carioca de Madureira, Silas de Oliveira, que escapou dos dois naufrágios. Os prejuízos em vidas causados pelos afundamentos foram de 132 soldados e uma dezena de civis, além de todo o equipamento militar.

Apesar da censura imposta pelo Estado Novo, a informação se espalhou pelo Brasil. A foto de uma sobrevivente de 4 anos do *Itagiba* fazendo o "V" da vitória emocionou o país. Na verdade, esse naufrágio fora o quinto em dois dias. A reação popular foi tão avassaladora que dezoito dias após o naufrágio do barco da Costeira, em 31 de agosto de 1942, o Brasil entrava em guerra contra a Alemanha nazista e as nações do Eixo.

Essa seria a terceira guerra enfrentada pelos Lage. Diferentemente das outras, dessa vez as relações com o setor militar eram mais estreitas.

Desde os tempos do velho Tonico Lage havia uma política de se oferecer passagens para os jovens oficiais das escolas militares, em especial aos alunos da Praia Vermelha, os chamados "laranjeiras", que eram rapazes que não tinham família no Rio de Janeiro, permaneciam na cidade e só voltavam para casa nas férias pela Costeira, de graça. Esse singelo hábito que Henrique herdara do seu pai serviu para estreitar laços com o marechal José Pessoa, uma amizade que mudaria tanto o ensino militar como o próprio Exército brasileiro.

O cadete n°1

O Exército brasileiro, no início do século passado, era muito diferente do atual. Por exemplo, os oficiais e até mesmo os praças só se locomoviam pelo país usando favores, como os prestados pela Costeira. Outro aspecto impensável nos dias de hoje era o do desenvolvimento tecnológico, havendo resistência a novas armas de guerra. Essas mudanças nas forças armadas muito se devem à formação dos atuais oficiais, que desde a criação da Academia Militar das Agulhas Negras (AMAN) mudou de patamar. A construção de um novo paradigma na educação dos futuros oficiais foi fruto da capacidade do marechal José Pessoa, mas a sua luta pela modernização da instituição só foi possível porque na sua retaguarda estava Henrique Lage.

O Exército, no início do século XX, era organizado de forma bem rudimentar. O país era dividido em sete distritos militares, desde o Amazonas até o Rio Grande do Sul, passando pelo Mato Grosso e o Nordeste. Era tudo tão precário que a sede militar do Piauí ficava em Manaus. Espírito Santo, São Paulo, Minas Gerais e Goiás eram comandados a partir da capital.

O ensino militar era tão tosco que em 1901, e mais tarde em 1905 (à época da Revolta da Vacina, por exemplo), os alunos se rebelavam na maior naturalidade. Só em 1916, após anos de vigência, entrou em vigor o polêmico serviço militar obrigatório. Na década de 1920, lá estavam outra vez os jovens oficiais metidos em conflitos políticos, às voltas com o movimento tenentista. Já as unidades de fronteira só foram pensadas na década de 1930.

Foi nesse quadro conturbado e de profissionalização questionável que foi nomeado para comandar a Escola Militar do Realengo, no subúrbio do Rio de Janeiro, o paraibano José Pessoa Cavalcanti de Albuquerque. Com patente de coronel, o oficial era irmão de João Pessoa, companheiro de Getúlio Vargas na chapa derrotada nas eleições de 1930. O assassinato de João, na cidade do Recife, foi o estopim para a chamada Revolução de 1930. Pessoa chegou ao cargo não pelo parentesco com o correligionário de Getúlio, mas por ser um soldado diferenciado.

José Pessoa estudou na Escola Militar da Praia Vermelha e se formou mais tarde em Porto Alegre. Serviu depois como alferes em Salvador e no sertão da Paraíba. Na sequência, já como segundo-tenente, foi mandado para a capital. Em 1916, em plena guerra, foi ainda como segundo-tenente estudar na Escola Militar Especial Saint-Cyr, na França. Acabou arregimentado como adido no 503º Regimento de Cavalaria, o 4º de Dragões do Exército francês. Nessa guarnição, comandou o 3º Pelotão do 1º Esquadrão, uma nomeação incomum para estrangeiros.

Pessoa observou a formação dos oficiais franceses, que misturavam refinamento social, muito profissionalismo e um sentimento guerreiro quase que romântico. Em sua primeira batalha, liderando soldados turcos, foi testemunha ocular da entrada em ação de uma das novidades do conflito: um carro blindado.

Cabe dizer que o uso de blindados foi muito questionado. Os primeiros carros de combate que entraram em ação durante a Primeira Guerra Mundial apresentaram muitos problemas. Lentos e de difícil condução, foram um alvo fácil, tanto que o Exército alemão não apostou em sua fabricação. Já franceses e ingleses se esforçaram para aperfeiçoar o veículo. O caso mais bem-sucedido do ponto de vista militar e industrial foi o produzido por uma montadora francesa. Os Renault FT foram um sucesso, pois eram mais leves e rápidos, e abriam caminho sobre os campos de batalha esburacados por trincheiras.

Ao retornar ao Brasil, casado com uma inglesa, foi promovido por bravura a capitão. Já aqui escreveu seu segundo livro, *Os tanques na guerra europeia*, um relato sobre o uso desses veículos em combate. Era uma publicação inédita na literatura militar brasileira e latino-americana. Ele passou então a ser o grande propagandista, dentro do Exército brasileiro, da incorporação de blindados.

Cabe dizer que o uso de blindados foi muito questionado. Os primeiros carros de combate que entraram em ação durante a I Guerra apresentaram muitos problemas. Lentos e de difícil condução, foram alvos fáceis, tanto que o Exército alemão não apostou em sua fabricação. Já franceses e ingleses se esforçaram para aperfeiçoar o veículo. O caso mais bem sucedido do ponto de vista militar e industrial foi o produzido por uma montadora francesa. Os Renault FT foram um sucesso, pois eram mais leves e rápidos e abriam caminho sobre os campos de batalha esburacados por trincheiras. José Pessoa começou então a ser o grande propagandista dentro do Exército brasileiro da incorporação de blindados.

Sua pregação foi tão decisiva que o Brasil foi o primeiro país da região a comprar carros de assalto, apenas cinco anos após eles terem entrado em combate durante a guerra de 1914. Mas nem tudo eram flores. Havia ainda muita resistência entre seus pares contra o uso de blindados, e seus esforços de modernização acabaram interrompidos.

De qualquer forma, José Pessoa ainda se destacava tanto que, em certa ocasião, durante a visita dos reis da Bélgica, em 1920, foi convocado para ser ajudante de ordens do rei Alberto.

Já como major, foi designado Fiscal Administrativo da Escola Militar do Realengo em 1923. Quatro anos mais tarde, já como tenente-coronel, foi comandar o 1º Regimento de Cavalaria da Guarda. Lá ele resgatou a mítica dos Dragões da Independência, restituindo os históricos uniformes, algo que perdura até os dias de hoje. Depois, já como coronel, foi cursar a Escola de Cavalaria.

Quando os revolucionários de 1930 chegaram ao poder, José Pessoa estava no auge da carreira. Ele participou de forma direta dos acontecimentos, levando Washington Luís, com o intuito de garantir a integridade física do presidente, até uma instalação militar.

O mundo militar brasileiro, em especial os jovens oficiais, passou boa parte do início do século XX convivendo com conflitos. José Pessoa creditava isso à má formação dos oficiais. Era necessário educar o jovem soldado brasileiro, torná-lo menos político e mais profissional. Foi com esse objetivo que José Pessoa foi chamado para dirigir a Escola Militar do Realengo e promover uma mudança radical

Assim, ele chegou às velhas instalações militares no subúrbio carioca de Realengo. Não era bem uma escola, mas um verdadeiro espólio. A situação foi assim descrita por ele: "Os cadetes viviam como presidiários, não é possível dar-se uma educação e preparo eficiente ao nosso futuro corpo de oficiais dentro desse casarão." Desde cedo ele se convenceu de que era necessário tirar o ensino militar da capital. Os jovens deveriam ser educados fora do Rio de Janeiro, "onde a politicagem facciosa, periodicamente lhes armam ciladas. No Realengo tudo é impróprio à formação de oficiais".

Sua maior luta era dar ao Exército do Brasil o mesmo padrão do norte-americano e do francês. Nos dois países havia escolas reconhecidas pela excelência do ensino militar: West Point, a 80 quilômetros de Nova York, e Saint-Cyr, em Morbihan, a 384 quilômetros da capital francesa. Nas duas academias, seus patronos eram louvados — o general George Washington e o general Napoleão Bonaparte. Construir uma nova escola no interior do país era um objetivo de longo prazo, mas criar um patrono para o Exército brasileiro era fácil. Foi assim que surgiu o culto à figura de Luís Alves de Lima e Silva, o duque de Caxias, uma personalidade histórica adormecida. Era hora de a República se reconciliar com o velho oficial do Império responsável pela maior vitória do Exército brasileiro, a Guerra do Paraguai.

Outra pequena modificação proposta por José Pessoa, um sinal que deveria apontar para novos tempos, foi o resgate do *cadete*. No sentido castrense, *cadete* era usado na língua portuguesa desde 1757, e desembarcou no Brasil junto com a família real, em 1808. Com a Proclamação da República, passou a ser rechaçada, pois estava ligada ao regime monarquista. Foi ideia de José Pessoa resgatá-la, apenas para os rapazes que cursavam o Realengo. Eles seriam os cadetes de Caxias, que, como oficial monarquista, também fora cadete. Mas não bastava mudar apenas o nome. Um uniforme novo foi proposto, pois os usados até então não expressavam os ideais agora perseguidos na formação dos oficiais. Eles deveriam representar a elite moral e ética do país.

Outra mudança de cunho simbólico, mas altamente representativa, foi a entrega do espadim. Seria a primeira conquista de cada soldado, como um troféu conquistado e depois devolvido ao Exército. Uma miniatura do sabre de Caxias, ou, como descreveu Pessoa, "espada gloriosa de cujo aço se forjaram os elos da união nacional".

Todas essas modificações materiais só foram possíveis por conta da generosidade de Henrique Lage. Ele financiou os novos uniformes e os primeiros espadins. Na verdade, não foi um financiamento, mas uma doação. Quais seriam seus possíveis interesses? Apesar da total carência de fontes, o mais plausível é que Henrique estava investindo no projeto educacional, na formação de oficiais como José Pessoa, que acreditavam no desenvolvimento tecnológico — no caso bem específico de um oficial que tecia loas ao projeto industrial do tanque de guerra de uma montadora de automóveis.

Pessoa mudou radicalmente o curso de formação dos oficiais. Os cadetes do batalhão de infantaria passaram a manipular armamento automático novo, morteiros Brandt, metralhadoras Madsen e até carros de combate. Já para os alunos da cavalaria, aconteceram melhoras na aquisição dos animais. Para a artilharia foi comprado o que havia de mais moderno: goniômetro, bússola e farto equipamento topográfico. Tudo isso, de acordo com o coronel Hiram Câmara, dinamizou o incremento da mobilidade: "Atrelagem de raças apropriadas para tracionar seu armamento Krupp." Os alunos da engenharia foram beneficiados com a construção de pontes e ainda passaram a aprender como realizar transmissões via rádio.

As transformações eram tão profundas que os trabalhos dos professores militares começaram a ser publicados. Essa prática estimulou o estudo de temas e a criação de um conhecimento essencial para um exército moderno. Pessoa investiu na melhoria das salas de aula e, sobretudo, na aquisição de livros e na expansão da biblioteca. Sempre visando ajudar o amigo, Henrique passou a dar um prêmio ao melhor cadete de cada turma.

Outra grande novidade foi o incremento na parte do condicionamento físico. O objetivo do coronel Pessoa era criar oficiais "fortes de corpos, ágeis de espírito e sãos de alma". E aqui vemos mais uma vez como Henrique era alinhado com esses valores: ao longo dos anos 1930 foi disputada a Taça Henrique Lage entre os alunos das escolas Naval e Militar.

Para o coronel José Pessoa, o maior desafio era a construção da nova escola militar afastada dos grandes centros urbanos. Além disso, teria que ter clima ameno, ser perto de algum curso de água compatível com as necessidades das atividades militares, variedade topográfica, ter um amplo terreno e ao mesmo tempo não estar muito distante do eixo Rio – São Paulo. Pessoa e seus colaboradores visitaram terrenos em diversas regiões nos estados de Minas Gerais, São Paulo e Rio de Janeiro. Foi por acaso que um dia eles chegaram a Resende.

Pessoa logo percebeu o valor militar da cidade, pois estava entre as maiores cidades brasileiras, atendida pela Central do Brasil, pela facilidade de comunicação com Minas Gerais e perto do porto de Angra dos Reis, com terrenos amplos para instalação de um aeroporto e para realização de manobras militares. O clima foi considerado tão favorável que recebeu a alcunha de "Suíça brasileira". Para ele, ali seria construída a nova academia militar, uma decisão individual tomada em 1931. Dois anos mais tarde, disposto a consagrar Resende como o local que abrigaria o tão sonhado projeto, Pessoa deu um novo e ousado passo: levou os cadetes do Realengo para realizar manobras na região. Além disso, realizou uma cerimônia de instalação da pedra fundamental da Academia Militar. O ato causou embaraço entre seus superiores, e José Pessoa acabou pedindo de forma irrevogável sua demissão. Ela não foi aceita, mas o projeto de construção da nova academia não avançou.

Anos mais tarde, com o coronel já fora do comando do Realengo, mas sempre lutando pelas novas instalações, foi que oficialmente se decidiu pela construção da academia em Resende. Assim, em junho de 1938, na presença do presidente Getúlio Vargas, foi realizado nova cerimônia da pedra fundamental. Ao longo de seis anos, a área destinada a receber a academia se transformou em um enorme canteiro de obras. Elas foram assim descritas pela *Revista Militar* do primeiro trimestre de 1942:

> [...] o Conjunto Principal, grupo de massas arquitetônicas muito bem distribuído e adequado a sua finalidade, com áreas de pisos igual a 51 mil metros quadrados, já entrou em sua fase terminal, faltando apenas o revestimento e alguns acabamentos.
>
> A seguir, complementando a finalidade do referido conjunto, está em vias de acabamento o Conjunto dos Parques das Armas, com quarenta edificações, correspondendo a uma área coberta de 21 mil metros quadrados, destinados a pavilhões de instrução, baias, boxes e depósitos de materiais. Diretamente ligado a esse conjunto, já está pronto o terrapleno destinado ao Campo de Equitação, com dois picadeiros já quase prontos.

Quando faltavam apenas o revestimento e alguns acabamentos, foi a hora de pedir ajuda ao velho amigo. Henrique Lage doou então todo o mármore da mina do Gandarela que reveste o hall monumental do prédio central da nova academia. Além disso, ele doou os portões da academia, fundidos nas oficinas da ilha do Vianna, e toda a prataria para o refeitório dos cadetes.

Foram muitas as homenagens que Henrique recebeu, como a instalação de seu retrato no salão de honra do quartel do Centro de Preparação de Oficiais da Reserva (CPOR), uma prova de que sua estratégia de se aproximar dos jovens oficiais estava funcionando. A atuação de sua família não era esquecida e até no túmulo de seu pai, Tonico Lage, no cemitério São João Batista, foram rendidas honras. Nessas ocasiões, ele comparecia acompanhado da esposa, o que sempre acrescentava algo mais ao evento. O ápice do reconhecimento de sua atuação pelo Exército brasileiro aconteceu em agosto de 1938.

No dia 25, data de aniversário do duque de Caxias, e não por acaso Dia do Soldado, em uma grande solenidade ao pé da estátua equestre do patrono do Exército, no Largo do Machado, zona sul do Rio de Janeiro, importantes personagens da vida militar do país foram homenageadas. Com a presença do presidente da República e do ministro da Guerra, Eurico Gaspar Dutra, foram lembrados, após o toque de vitória, salvas de tiros e o depósito de uma corbelha de palmas, os gritos de Caxias durante a vitoriosa campanha de Itororó, durante a Guerra do Paraguai: "Sigam-me os que forem brasileiros!" Era exatamente todo o simbolismo desenhado pelo coronel José Pessoa — e com o apoio de Henrique Lage.

Naquele dia, três destacadas personalidades foram condecoradas, o chefe da Missão Francesa no Brasil, general Paul Noel, promovido a grande oficial; o marechal Cândido Rondon, que ganhou a Grã-Cruz; e um único civil, Henrique Lage, que recebeu a Ordem do Mérito Militar, uma distinção até então só conferida aos militares. Foi com muita emoção que ele colocou no peito uma condecoração por conta do seu "elevado espírito patriótico, desprendimento e grande amor ao Brasil".

Voando alto

A notícia publicada em um jornal carioca no início de dezembro de 1917 dizia que era uma brincadeira de mau gosto, uma verdadeira blague, a informação de que Antônio Lage doaria 600 contos, uma verdadeira fortuna, para o Aero Clube adquirir novos aparelhos. Quando os jornalistas foram perguntar ao gestor da Costeira a origem do boato, ele não soube responder. Depois perguntaram se era verdade que ele daria tamanha quantidade de dinheiro ao clube ao qual era afiliado, e ele negou: "Não daria, pois o mundo está em guerra!" Ele até acompanhava de perto a vida da entidade, já fora até consultado se queria presidi-la e não aceitou. Para Antônio, aviação não era um esporte, mas uma atividade militar.

A origem do boato foi uma conversa que aconteceu entre o irmão de Henrique e o deputado Maurício de Lacerda. Antônio Lage dissera ao parlamentar que pretendia doar dez aparelhos ao Ministério da Marinha, para a Escola de Aviação Naval. Lacerda então pediu para que as doações fossem feitas ao Aero Clube. Alguém que escutou o diálogo na mesma hora fez um cálculo de quanto seria o valor dos dez aviões e saiu contando a história de forma distorcida.

Esse foi o primeiro caso que se tem registro entre os Lage, gente eminentemente do mar e da navegação, com a aviação. Mas eles logo perceberam que num futuro não muito distante os aviões ocupariam o espaço de seus navios de passageiros.

Henrique, como homem de muita visão, ainda bem cedo começou a se interessar pelo tema, não apenas como passageiro, mas como fabricante. Ainda em 1919, começaram as primeiras negociações entre os Lage e a empresa inglesa Blackburns, que fazia aviões, e a fabricante de motores Bristol.

Foi no distante Campo dos Afonsos, zona oeste do Rio de Janeiro, onde hoje existe uma Base Militar da Força Aérea Brasileira (FAB), que Henrique começou sua vitoriosa carreira como fabricante de aviões. Em 1920, construiu dois protótipos, o *Independência* e o *Rio de Janeiro*. Sob o comando do francês Louis Lafay, em meados de maio de 1920, levantava voo o monomotor *Rio de Janeiro*. O evento foi bastante concorrido, com a presença de convidados e oficiais do Exército. O aparelho fez duas exibições, ambas com sucesso. Já o *Independência* faria sua estreia dois anos mais tarde, participando junto com outras aeronaves de um voo de recepção aos aviadores portugueses Gago Coutinho e Sacadura Cabral, que estavam terminando a travessia do Atlântico Sul vindos de Portugal. O avião de Henrique Lage, pilotado pelo mesmo Louis Lafay, foi recebido de forma calorosa pelo público carioca ao fazer evoluções sobre a baía de Guanabara.

Henrique pensava exatamente como o irmão: que os aviões seriam para uso das forças armadas. Com o fim da Primeira Guerra Mundial e a falta de interesse do Estado brasileiro, o projeto foi posto de lado. O Brasil parecia não dar importância para o tema, tanto que as primeiras concessões de linhas aéreas não prosperaram. Só na segunda metade da década de 1920 o panorama foi mudando, inicialmente com a chegada da alemã Condor Syndicat e depois com a participação de outras duas empresas.

O panorama aeronáutico no Brasil só mudou, numa primeira fase, após a Revolução de 1930. Um dos maiores responsáveis foi o alagoano Antônio Guedes Muniz. Formado pela Escola Politécnica do Rio de Janeiro, o jovem ingressou na carreira militar como aspirante na Companhia de Aviação da Arma de Engenharia. Trabalhava no mesmo Campo dos Afonsos, de onde partiam os aviões de Henrique Lage. Em 1925, foi estudar aeronáutica na França, e ao longo do curso começou a projetar aeronaves. Fez diversos modelos, o M-1, M-2, M-3, M-4, até que conseguiu fabricar o M-5 na Société des Avions Caudron.

Quem muito se interessou pelo avião projetado por um brasileiro e produzido na França foi o presidente da República. Assim, em meados de 1931, Getúlio voou no M-5. Se por um lado Muniz não conseguiu nenhum estímulo para a produção de seu último projeto, o M-6, por outro, acendeu o debate sobre o desenvolvimento da aeronáutica brasileira, que seguia em franca evolução.

A segunda metade da década de 1930 foi ainda mais rica, com a fundação do Correio Militar e do Naval, a construção do aeroporto Santos Dumont na capital e a criação do Código Brasileiro do Ar. No Brasil, passou-se a discutir muito o futuro do uso dos aviões.

Foi com muito entusiasmo que em 1934, no Cinema Broadway, na avenida São João, no coração da capital paulista, aconteceu o I Congresso Aeronáutico. Por ocasião do evento, São Paulo pôde pela primeira vez presenciar, no Campo de Marte, vários aviões evoluindo pelos céus da cidade — era a festa do ar.

Além disso, duas teses majoritárias, segundo o historiador Carlos Alberto C. Ribeiro, se contrapuseram. De um lado, a ideia de se mandar alunos para estudar fora do país e incrementar a pesquisa no setor, e do outro a de Antônio Guedes Muniz, que achava que o Brasil deveria iniciar imediatamente a construção de aviões, uma vez que o Estado já enviara técnicos para o exterior pensando na criação da Fábrica Nacional de Motores.

No melhor estilo Vargas, o presidente resolveu caminhar com um pé em cada proposta. Incrementou o envio de gente ao estrangeiro e passou a incentivar a criação de aeroclubes, ou seja, pensou na formação de pilotos e se organizou para apoiar o setor privado na construção de aviões nacionais. Foi assim que entraram em contato Antônio Guedes Muniz e Henrique Lage. Os velhos sonhos aeronáuticos estavam de volta, e na sequência foram contratados o engenheiro belga René Vandaele e o desenhista francês Marcel Del

Carli. Dois anos depois, em 1935, era criada a Companhia Nacional de Navegação Aérea (CNNA).

Começava então a primeira linha de produção de aviões a entrar em funcionamento, um enorme desafio tecnológico e industrial. A construção de seu primeiro protótipo, um M-7, acontecia em três espaços diferentes. O planejamento era realizado na sede da nova empresa, na ponta do bairro do Caju. Muitos componentes eram fabricados na ilha do Vianna e a montagem ocorria no Campo dos Afonsos, tudo fiscalizado pelo Ministério da Guerra. O avião foi pensado para ser um aparelho de treinamento de pilotos em geral.

Poucos meses mais tarde, subia aos céus o primeiro aparelho. Uma primeira demonstração aconteceu na ponta do Calabouço, região à beira da baía de Guanabara que não mais existe por conta do Aterro do Flamengo. Assistiram ao teste o ministro João Gomes, o almirante Virginius de Lamare e o coronel José Pessoa. O teste decisivo foi o voo até a capital paulista, em apenas 2h40, chegando a atingir a velocidade de 190 km. Em 1937, em novo teste, o M-7 foi até Fortaleza, percorrendo 2.500 km em 20 horas. No mesmo ano, começou a ser montado um M-8, um monoplano com motor Gipsy-six de 200 CV.

É importante lembrar que 1937 foi um ano decisivo para a história militar e aeronáutica. Durante a Guerra Civil Espanhola, aviões de combate foram testados em ação. Os primeiros caças que participaram do conflito eram de fabricação soviética, e colaboravam com as forças republicanas de esquerda. Do outro lado, apoiando o general Francisco Franco, estavam italianos e alemães. Os lentos aparelhos de bombardeio alemães voavam escoltados por rápidos aviões fabricados pela italiana Fiat.

A guerra na Espanha trouxe alguns ensinamentos. Os alemães, em especial a Legião Condor e suas táticas de bombardeio aéreo, colocaram o avião na ordem do dia como um elemento fundamental em guerras. A Alemanha também mostrou ao mundo que era possível desenvolver rapidamente uma eficiente indústria aeronáutica. Em apenas quatro anos, entre 1933 e 1937, os alemães se tornaram destacados produtores de aviões de combate.

Os militares brasileiros sabiam da importância estratégica de desenvolver a nossa aviação e resolveram então encomendar alguns aparelhos. Um primeiro lote de vinte aeronaves foi adquirido.

Henrique Lage estava tão interessado no desenvolvimento aeronáutico que, quando os nazistas chegaram ao poder, em 1933, e começaram a ludibriar o Tratado de Paz da Primeira Guerra Mundial construindo planadores, ele também resolvera investir na ideia e desenvolveu um protótipo, o *Ypiranga*, que fez um voo muito bem-sucedido de 125 km.

Antônio Guedes Muniz era um pesquisador incansável. Além de calcular e desenhar componentes importantes das aeronaves (leme e trem de aterrissagem), o jovem oficial desenvolveu um pioneiro sistema de soldas que fixava as asas à fuselagem do avião de forma mais eficiente. Seus aviões eram bem confiáveis e seguros. Um acidente de um M-7, registrado em fins de outubro, na praia de São Conrado, ocorrera por um motivo banal, pane de gasolina.

O único componente não fabricado no Brasil era o motor. Tanto que, quando surgiu o M-9, houve uma questão estratégica. Os fornecedores tradicionais dos aviões de Henrique era a britânica Havilland Aircraft Comp., que por conta da guerra na Europa não poderia mais entregar seus motores. Henrique pensou em substituí-la pela norte-americana Waco. Com a interferência governamental, ficou decidido que seria comprado o Ranger 6 de 190 CV — um contratempo que afetou gravemente a linha de produção. Contudo, a situação ficou ainda mais complicada com a falta de pagamento dos operários da fábrica.

Na manhã de 4 de janeiro de 1940, foram entregues os primeiros cinco aviões ao diretor da Aeronáutica militar. Ao discursar, Henrique previu que em breve seria construído o mais lindo aeroporto do mundo em uma ilha da baía de Guanabara. O negócio com aviões era tão promissor que ele sonhava com a ampliação de seu parque industrial e a construção de novas instalações aeroportuárias na Ilha do Engenho, nas imediações do litoral de São Gonçalo.

Mesmo com todos esses contratempos, o desenvolvimento de novos modelos seguia firme. Surgiram os M-11, também comprados pelas forças armadas. Depois foi desenvolvida a linha HL, uma homenagem ao empresário, e a montagem do HL-1, uma prova inequívoca do alto nível empresarial, pois o projeto levou menos de setenta dias entre o desenho na prancheta e o seu primeiro voo. As vendas foram um sucesso, pois não se limitaram ao setor militar. O interventor do estado de São Paulo, Ademar de Barros, adquiriu 25 aparelhos para o aeroclube da capital paulista.

Os aviões da linha HL seguiram a mesma trajetória de sucesso dos projetados por Muniz. Dos muitos que foram desenhados, só entraram em linha de produção os HL-6 e o HL-6B — sempre desenvolvendo tecnologia e utilizando produtos nacionais, inclusive testando a utilização de diferentes tipos de madeira amazônica. Os tecidos que revestiam as asas, por exemplo, eram fabricados em Niterói, na Fábrica Maruí, de propriedade de Henrique.

O Brasil ia aos poucos recuperando o terreno em relação aos vizinhos. Os argentinos começaram a fabricar aviões no início da década de 1930, e logo depois vieram os chilenos, mas a defasagem seguia grande. Isso tudo sem contar a rede de aeroclubes nos países vizinhos, inclusive no Paraguai. Foi assim que no início dos anos 1940 surgiu a ideia de também incrementar os aeroclubes em todo o Brasil. Liderada pelo jornalista Assis Chateaubriand, o objetivo era que empresários fizessem doações de aviões para os aeroclubes. A Campanha Nacional da Aviação (CNA) pretendia que a aviação brasileira desse um salto de qualidade, uma ideia que foi logo abraçada pelo casal Lage.

A presença de Gabriella em qualquer evento era motivo para ganhar espaço nos jornais. Ela ofereceu aos alunos do Colégio Pedro II, por conta dos festejos da Semana da Asa de 1941, uma premiação no valor de 500 réis para os cinco melhores desenhos apresentados na exposição aeronáutica do estabelecimento. Doou o dobro em dinheiro para a aquisição de cinquenta livros sobre a vida de Santos Dumont para a biblioteca e para serem distribuídos entre os alunos.

O sucesso dos investimentos em aviação não repercutiu positivamente para os negócios de Henrique Lage. Mesmo com a crescente produção, eram tantos os aparelhos produzidos que uma parte da produção foi levada para a ponta do Caju. No início da década de 1940, ninguém na América do Sul fabricava tantos aviões, eram 110 no Caju e 57 na ilha. O prestígio dos aparelhos era inquestionável, tendo sidos comprados pela Argentina, pelo Chile e pelo Uruguai. Nada disso rendeu um único tostão ao empresário. De acordo com as informações de Thiers Fleming, cada aparelho produzido significava um prejuízo entre 10 e 15 contos e que Henrique pedira para que seu fiel colaborador mantivesse essa informação em segredo.

O fim

O Grande Prêmio Brasil de Turfe de 1941, que aconteceu no Jockey Club Brasileiro, na Gávea, foi um dos eventos mais concorridos do ano. Além de reunir a fina flor da sociedade brasileira, havia um diferencial, o extraordinário valor de mil contos que seria sorteado, o *sweepstake*. A promoção, realizada com muito sucesso pela Loteria Federal e o Hipódromo da Gávea, mobilizou o Rio de Janeiro desde o seu anúncio, no início do ano. Um público recorde era esperado no domingo, dia 3 de agosto. O ganhador teria que combinar dois lances de sorte, o sorteio de um número com o do vencedor do páreo principal do dia. Eram, portanto, dois eventos, o sorteio pela manhã e a corrida no meio da tarde.

Dos 35 mil bilhetes da loteria colocados à venda, foram adquiridos 34.458, algo nunca visto antes. Isso significava que esse era o público esperado para assistir ao principal evento do turfe nacional. Ao longo da semana, os jornais da capital comunicaram aos turfistas as regras de acesso e outras informações relevantes. Menores de 13 anos, por exemplo, não seriam admitidos. Só teriam acesso à tribuna oficial, na varanda superior da arquibancada, o presidente da República, os ministros de Estado e os presidentes dos tribunais.

Todas as arquibancadas da Gávea ficaram tomadas. Foi na *pelouse* do hipódromo que o *grand monde* carioca se exibiu, alegre e elegante. As mais belas mulheres da cidade em maravilhosas *toilettes*, as *jeunes filles* passeando risonhas. Já no *paddock* havia um mar de lindíssimos chapéus. O restaurante do clube, os setores das apostas, as escadarias — tudo tomado por soberbos e alegres turfistas.

Quando a sirene soou anunciando a largada, todos procuraram o melhor lugar, e surgiram então gigantescos binóculos. Aos poucos, foram pipocando os gritos de incentivo para os cavalos Paulista, Shangai e Pólux, que chegou na frente.

O grande vencedor e o ganhador do *sweepstake* foi o jornalista português Armando Boaventura, que desembarcara dois dias antes no Rio de Janeiro.

Assim que o vencedor rompeu a linha de chegada, o hipódromo começou a se esvaziar.

Henrique Lage não viu nada disso. Ele até foi ao jockey, mas, antes mesmo do tão esperado sorteio do *sweepstake*, começou a se sentir mal e foi para casa, ali pertinho no Parque Lage.

A MORTE DO MARIDO

Ser casado com uma diva trouxera muitos benefícios ao empresário Henrique Lage. A relação com sua esposa, ao longo dos dezesseis anos de casamento, só interrompida por sua morte, foi de muita cumplicidade. Ela sempre esteve ao seu lado em suas principais realizações. Nunca se recusou a atuar como uma espécie de garota-propaganda das empresas Lage. Como empresária de ópera, montou espetáculos em louvor ao regime. Em 1935, durante visita de Getúlio Vargas a Buenos Aires, cantou em sua homenagem no Teatro Colón.

O difícil é mensurar como Gabriella foi como esposa de um homem que ao largo de anos apresentava graves problemas de saúde. Como será que ela se comportava nos momentos difíceis que Henrique enfrentou? São muitas as interrogações de como ela se relacionou com a família do marido nos momentos capitais que antecederam sua morte. São poucas as informações que existem sobre a intimidade do casal. A sobrinha Eliane não titubeia em afirmar que ele era apaixonado pela esposa. Já Thiers Fleming disse que viu Henrique tratar a esposa de forma rude mais de uma vez. De todos esses questionamentos algo parece ser inquestionável — Gabriella nem sempre fora uma esposa dedicada.

Em novembro de 1937, Gabriella, a irmã Adriana e a sobrinha Maria Paula estavam voltando para casa em um dos carros da família, conduzido por seu motorista espanhol, quando sofreram um violento acidente nas esquinas das ruas Bambina com São Clemente, em Botafogo, zona sul da cidade. Poucos dias depois, ainda convalescendo, ela embarcou para a Itália a fim de se consultar com um médico local. Gabriella só regressou em março do ano seguinte.

Ela era então a gestora da temporada do Theatro Municipal e deveria retomar o comando de sua empresa teatral. Foi bem o ano em que começou a ser criticada, pois não trazia nenhum nome de relevo internacional para o Rio de Janeiro. Mesmo assim, largou tudo e foi cantar em Buenos Aires na metade do ano. Muito acuada, ela prometeu que para a temporada ainda traria a soprano francesa Lily Pons, a consagrada pianista brasileira Guiomar Novaes e até mesmo a rival Bidu Sayão. Mas o ano acabou de forma muito negativa, com Gabriella sendo duramente criticada pelos eventos populares, de organização questionável, em campos de futebol. Além do mais, ela amargara enormes prejuízos financeiros.

Do ponto de vista familiar, 1938 ainda foi marcado pela perda do meio-irmão Arduíno Colasanti. Talvez por todos esses problemas ela tenha ido mais uma vez à Itália espairecer. É bem verdade que durante essa temporada europeia ela esteve com o marido. (Quando eles voltaram de avião, em outubro de 1939, foram recebidos de forma calorosa pelos cadetes da escola militar no aeroporto Santos Dumont.)

Seus planos de formar alunos brasileiros também não decolaram. Dos muitos alunos que passaram por suas mãos, só dois ganharam fama: o barítono carioca Paulo Fortes e o argentino Cesar Ponce de Leon, que fez algum sucesso na Itália.

Do fim de 1939 até a morte de seu marido, Gabriella viveu um ocaso artístico. Cinquentenária, já não cativava as plateias como no início do século. Havia também limitações impostas pelos ciúmes do marido. Em 1936, quando cantou com muito sucesso em Berlim, foi convidada pelo próprio Stalin para se apresentar em Moscou, e Henrique não permitiu. Assim, ela acabou tendo muito tempo para se dedicar ao esposo, mas aparentemente usou esse tempo para arrumar confusões familiares, problemas com os Lage e com os próprios irmãos.

O historiador Carlos Alberto C. Ribeiro assim descreveu esse momento:

> [...] visitar Henrique Lage não é tarefa das mais simples, isto porque, segundo relato de Thiers Fleming, só se aproxima do empresário quem Gabriella Besanzoni permite. Entre os que estão previamente autorizados, encontram-se Pedro Brando, Álvaro Catão e Oswaldo Werneck, sendo que o próprio Thiers necessita pedir audiência a Besanzoni, por intermédio de Brando.

Ainda de acordo com Thiers, nas visitas, "ele tem normalmente a companhia de Gabriella ou de Ernesto, irmão da cantora". O mesmo relato foi feito por Eliane Lage, que lembra que do nada todos os membros de sua família foram proibidos de visitá-lo no Parque Lage. A situação causou uma enorme consternação, pois era evidente a gravidade de seu quadro de saúde.

O entorno de Gabriella vivia num mundo irreal, em grande parte insuflado pela própria cantora.

Sua fascinação pelas joias contrastava com certo desprendimento por bens materiais, beirando o reino do faz de conta. Certa vez, ela recebeu em seu camarim um grande arranjo de flores; no meio, havia um ramo de modestas violetas. Ela na mesma hora separou o joio do trigo e deu para a camareira a parte mais pobre do buquê. Logo depois, a empregada do teatro voltou esbaforida, pois entre as violetas havia encontrado uma joia, uma pérola de enorme valor. Ao longo da vida, ela colecionara uma absurda quantidade de joias. Além de comprá-las e de ganhá-las do marido, ela as recebia de admiradores e até de anônimos. Era comum Gabriella, em eventos sem maior importância, aparecer com uma das muitas pulseiras de ouro da sua impressionante coleção, ou com vários dedos cobertos de anéis, um mais chamativo que o outro. Contudo, da mesma forma que ganhava, ela as doava. Ainda hoje circulam entre os Lage incríveis relatos de como ela presenteava pequenos, médios e enormes anéis, brilhantes, colares, braceletes e todo tipo de joias. Algumas histórias beiram o *nonsense*, como a que reza que no Parque Lage até nos dedos das estátuas era possível encontrar anéis. Em 1936, quando esteve na Alemanha com a cúpula nazista, ela usou um colar de quatro voltas de pérolas. De repente, o fecho se quebrou e as pérolas se espalharam pelo chão. Imediatamente, todos os famosos dirigentes do temido Partido Nacional-Socialista ficaram de quatro recolhendo cada uma delas. Todos se curvavam ao poder das joias de Gabriella!

Graças ao relato que ela fez ao seu biógrafo, é possível tentar imaginar o tesouro que Gabriella Besanzoni acumulou ao longo da vida:

> Meu marido estava louco por mim e a cada ópera que eu apresentava ele queria demonstrar o seu estado de ânimo. Cada título novo levava um homônimo em forma de brilhante. Eram como nozes. Assim, por exemplo, eles os batizou como Orfeu, Mignon, Sansão e Dalila, Carmen, Gioconda, Trovatore etc. Na verdade Carmen era uma esmeralda e o último dos diamantes chamou *Cruzeiro,* o nome da moeda brasileira, e não restaram muitos nomes de óperas. O mais bonito de todos os brilhantes foi o Sansão e Dalila, uma parte do Grão Mogol, de quilates e cor idênticos ao que Ali Khan presenteou sua esposa Rita Hayworth no dia de seu casamento.

Eliane Lage conta uma história sobre a filha adotiva de Gabriella, Laura, uma menina de origem italiana, do Sul do Brasil. Um dia, no Parque Lage, Laura perguntou se Eliane queria brincar de banco. "Mas já estamos sentados em um banco", respondeu. A brincadeira era na verdade em outro lugar da residência, e o brinquedo eram as joias de Gabriella.

Na medida em que o estado de saúde de Henrique se agravou, é provável que seus parentes — a quem Gabriella fez críticas genéricas ao seu biógrafo — tenham começado a se questionar sobre qual seria o destino de tanta riqueza. Talvez não seja de todo errado afirmar que, por Gabriella, excessos foram cometidos. Ernesto, que fazia o papel de cão de guarda do cunhado moribundo, não foi recompensado, e acabou a vida como caseiro, no interior do estado do Rio de Janeiro.

Gabriella disse ainda ao seu biógrafo que Henrique morreu feliz. Estava em uma tenda respirando o oxigênio produzido na ilha do Vianna. Pediu para ser enterrado de terno branco, em um caixão de terceira classe, e também para que não mandassem flores.

A morte do empresário

O passamento de Henrique Lage contado do ponto de vista empresarial é um tanto quanto diferente — não que a versão narrada pela família seja errada ou que tenha sido adulterada. O seu império empresarial envolvia assuntos de grande interesse nacional (navegação, carvão, produção siderúrgica e todos os temas de ordem militar), e sua morte se deu em plena guerra. Portanto, quando foi ficando claro que ele estava chegando ao fim, houve uma enorme preocupação sobre os destinos de suas empresas. Quem seriam os beneficiados, e quem seriam os seus gestores após a sua morte?

A vida de Henrique Lage, desde que assumira o comando dos negócios da família, sempre fora marcada por altos e baixos. Esse quadro de permanente tensão acabava alimentando as discórdias com seus irmãos Frederico e Renauld, e impactando em sua precária saúde. Até porque os imbróglios com a cabotagem se arrastaram de forma dramática ao longo de toda a década de 1930, afetando-o até os seus últimos dias.

Os eternos problemas da Costeira certamente afetavam sua saúde. No início da década de 1940, a empresa se encontrava em situação dramática, de quase insolvência, por conta de seus débitos com o Banco do Brasil. A instituição bancária até lhe devia uma pequena fortuna, 138 mil contos de réis; por outro lado ele cobrava do Estado a vultosa soma de 170 mil contos. Essa era o total da dívida pelo não pagamento dos reparos feitos em navios de guerra, obras e serviços prestados executados à União. Uma parte considerável da dívida era fruto do *modus operandi* de Henrique. Sempre que o Estado não pagava em dia seus compromissos ele ia ao banco estatal e pedia um adiantamento. Tornava-se, assim, refém da cobrança dos juros e da boa vontade do governo em honrar o que devia.

Nos primeiros anos da década, a situação era insustentável, e Henrique mais uma vez apelou para Vargas. Aos olhos da opinião pública, causava estranheza um devedor do Banco do Brasil cobrar uma quantia muito superior ao que devia. Getúlio habilmente sugeriu a formação de um tribunal arbitral para mediar a questão. Foram então indicadas quatro pessoas para integrar o juízo arbitral. Mesmo sendo um de seus membros Oswaldo dos Santos Jacinto, grande amigo de Henrique, as resoluções do tribunal não lhe foram favoráveis. Após longos meses, ficou decidido que o Estado pagaria apenas uma parte menor do que era cobrado — uma decisão desastrosa para a saúde financeira da Costeira. O que seria pago não era nem de perto suficiente para honrar os compromissos com o Banco do Brasil. Ao mesmo tempo, Henrique estava endividado com credores estrangeiros.

De acordo com Pedro Brando, Henrique ficou gravemente abalado com a situação, e ficou deprimido a ponto "de fazer dó. Chegamos a temer que ele renunciasse à luta". Henrique, no entanto, reagiu e convocou os homens que comandavam seus negócios. Pouco antes de a reunião ter início, surgiu um imprevisto, uma nova cobrança em libras esterlinas de um credor inglês. O outrora pujante chefe abriu a reunião abatido; não demonstrava ter nenhuma esperança, estava sem a velha força, a energia e o otimismo de sempre. Falava com desânimo e pela primeira vez não foi capaz de propor uma solução. Um silêncio ensurdecedor tomou conta do recinto. Foi quando Brando, apenas para quebrar o gelo, perguntou: "Haverá maneira de aguentarmos essa situação durante uma quinzena?" Ninguém abriu a boca. Após repetir a pergunta, ele acrescentou: "Alguém já esteve com o credor inglês?"

No dia seguinte, Henrique estava almoçando no refeitório da Costeira quando Pedro Brando chegou com uma notícia fresca: "Fechei ajuste com o inglês, que já me deu este documento, e o restante Deus nos dará." Mesmo estando dessa vez refém da vontade divina, foi o suficiente para Henrique recuperar o entusiasmo. No fim de semana seguinte, Thiers Fleming rascunhou um plano de ação. Haveria uma contraofensiva. Fleming atuaria no âmbito interno das organizações Lage. Álvaro Catão atuaria junto ao ministro da Fazenda, Osvaldo Aranha. E Pedro Brando deveria procurar o Banco do Brasil, fonte dos maiores problemas, para tentar alguma coisa.

O plano começou a funcionar, principalmente no Banco do Brasil. Seu presidente, Francisco Leonardo Truda, conhecia os métodos de Henrique e mostrou alguma simpatia, mesmo o banco tendo dinheiro para receber da Costeira e da Companhia Hidráulica, empresa menor das organizações Lage.

Contudo, todas essas operações para tirar a Costeira da UTI foram atropeladas pelo próprio Henrique. Preocupado com a repercussão negativa de sua difícil situação, ele resolveu ir pessoalmente falar com o presidente do banco. Não se sabe com precisão como se deu o encontro, só é sabido que Henrique foi expulso da presidência do Banco do Brasil.

Com tudo desfeito, seus auxiliares precisaram recomeçar tudo outra vez. De forma muito hábil, lograram um novo acordo com o banco, e de forma surpreendente conseguiram um toma lá dá cá. Acertaram com o presidente Truda e ainda levaram 5.800 réis para pagar os ingleses. Pedro Brando conta que, ao comunicar ao chefe que firmara um acordo, ele perguntou: "Por que então o Truda se zangou comigo?"

Diferentemente do que se possa imaginar, nada ficou resolvido de forma imediata; tudo foi se arrastando. O acordo final com o banco estatal só foi assinado em 1936, muito tempo depois. E as decisões do tribunal arbitral entraram em um compasso de espera perigoso. O Ministério da Fazenda, em vez de pagar o que fora arbitrado, preferiu estabelecer uma comissão para pôr em prática a decisão do tribunal. Enquanto nada era resolvido, a dívida de Henrique com o banco só aumentava — juros sobre juros. Essa situação entrou na década de 1940 corroendo tanto a saúde da empresa quanto a de Henrique.

Quando Henrique ficou preso à sua cama no Parque Lage, toda essa situação seguia no mesmo patamar. A diferença agora era que ele a comandava de casa e havia cada vez mais a participação da família Besanzoni. Outro agravante eram as notícias que começaram a circular sobre a gravidade de seu estado de saúde. Temendo pelo futuro de Henrique, todos os credores apertaram as cobranças. A saúde do chefe contaminava mortalmente as finanças de suas empresas. A descrição de Pedro Brando sobre como seu patrão se comportava é eloquente: "Preso ao leito ele queria receber todos que o procuravam, saber de tudo o que se passava, atender a todos os seus negócios e até criar novos."

O período final da exacerbação da sua doença foi igualmente dos mais graves para o país: "O mundo estava em guerra e esta ameaça envolver-nos. Vivíamos todos em constante sobressalto."

O delicado tema de quem ficaria no comando das organizações Lage começou a se tornar uma decisão imperiosa. A herdeira de fato e de direito era a esposa Gabriella — mas estaria ela em condições de comandar um império com tantas peculiaridades e problemas? Estaria ela em condomínio com os leais funcionários do marido? Ou seria a diva com os parentes da família Lage?

Aos poucos, Henrique foi fortalecendo a figura da esposa. Em meados de junho de 1941, ele tomou a decisão de que Gabriella deveria ser informada de tudo sobre todas as empresas do grupo Lage. Além disso, ele pediu a realização antecipada de assembleias e reuniões de diretores de suas empresas para que ela tomasse conhecimento do que estava acontecendo com cada uma delas.

O mais provável é que Gabriella tenha notado que havia muita resistência ao seu nome como provável gestora. Seria pelo fato de ser mulher? Seria pelo seu total desinteresse pelo mundo dos negócios? Seria por ambos os motivos? Esse clima de desconfiança foi ficando cada vez mais claro, e assim ficou estabelecido por ela as restrições de visitas ao marido. Os poucos que podiam conversar com Henrique, Pedro Brando, Álvaro Catão e Oscar Werneck, tinham de estar acompanhados ou de Gabriella, ou do irmão Ernesto.

Com o agravamento do quadro, o médico argentino professor Waldorf foi chamado. Talvez sem ter muito que fazer, ele elogiou a conduta dos colegas brasileiros e só reforçou as recomendações de que o paciente não se aborrecesse e fosse poupado de problemas. Uma determinação que não era fácil de ser obedecida. "A luta financeira era enorme. A casa era sacudida de fora para dentro e de dentro para fora. Um vendaval por dia! Um conter de respiração a cada hora", contou Pedro Brando.

Logo, não era possível esperar a melhora da saúde de Henrique. Ele resolveu tomar suas últimas decisões, após ter recebido a extrema-unção. Escreveu uma carta, em 29 de junho, ao amigo Getúlio Vargas:

> Exmo. Sr. Presidente Getúlio Vargas. Meu Grande Presidente:
> Neste momento, com o pensamento voltado para o futuro do meu país, dirijo-me a V. Ex.ª. pondo sob a sua elevada proteção os destinos da minha organização.

O meu programa — carvão, ferro e navio — que vem sendo executado com os maiores sacrifícios, mesmo de ordem pessoal, encontra-se em sua fase final com o complemento da siderurgia, sabiamente enfrentado por V. Ex.ª [...].

[...] As companhias de carvão da minha organização e os demais setores da minha atividade industrial aí estão com o penhor do meu fiel devotamento às causas nacionais.

Com um abraço muito cordial para o meu grande amigo a quem sempre vi otimamente entregue os destinos de um grande Brasil.

Coube a Pedro Brando levar a carta ao presidente da República. Muito emocionado, ele preferiu ir antes falar com Ernani do Amaral Peixoto, genro de Vargas e amigo de seu chefe. Coube a ele marcar uma reunião no Palácio do Catete para aquela noite. Ao longo da tarde, Pedro foi convocado com urgência para voltar ao Parque Lage, pois Henrique queria saber se o presidente já a havia recebido. Ao saber que não, disse: "Não? Apanha logo a carta e vai procurar o presidente. Eu pensei bem, e se ele não receber já aquela carta, vocês todos estão perdidos."

Junto com Álvaro Catão, na hora marcada, foram recebidos pelo presidente. Vargas mostrou-se sensibilizado e pediu que Amaral Peixoto fosse fazer uma visita ao Parque Lage em seu nome. Quando lá chegaram, Henrique piorara muito e os médicos nem permitiram a visita.

Três dias mais tarde, no dia 2 de julho de 1941, o "homem forte, que vivera falando pelas bocas de suas máquinas, que respirava pelas chaminés dos seus navios, que fizera locomotivas se movimentarem com o seu suor transformado em carvão, que discutia o problema que se desenvolveria dentro de cinquenta ou cem anos e nunca falara em morte", contou Brando.

O que seria da sua organização dali em diante? "O capitão tombara, a nau desgovernada singrava ao sabor de ventos cruzados, mais um instante à deriva e [...] abrolhos [...] naufrágio", foram as previsões de Pedro Brando.

A morte de um legado

Logo após o almoço, Getúlio Vargas tomou o carro presidencial em direção ao bairro da Gávea. Iria até a propriedade do amigo Henrique Lage, que acabara de falecer. Em geral, seus familiares teriam feito isso em seu lugar, mas ele se sentiu na obrigação de ir pessoalmente.

Assim que chegou e subiu as escadarias do palacete, ele notou a presença dos cadetes da Academia Militar em guarda fúnebre. Ficou alguns instantes em frente ao caixão e depois foi falar com a viúva Gabriella Besanzoni.

Dezenas de outras personalidades dos segmentos político, empresarial e artístico foram ao Parque Lage render homenagens ao industrial morto. Ao fim da tarde, o féretro foi levado ao cemitério São João Batista, ali perto, no bairro de Botafogo. De repente, uma esquadrilha de aviões M-9 sobrevoou a necrópole.

A carta de despedida que Henrique enviara ao presidente foi publicada em todos os importantes jornais da capital. Mas o grande tema que tomou conta das rodas mais influentes do Rio de Janeiro era sobre os destinos das organizações Lage. Como homem precavido e muito preocupado com a viúva, ele fizera testamento, Gabriella seria a primeira testamenteira. Mas não foi a única: coube a Pedro Brando o segundo posto e a Oswaldo Werneck da

Rocha o terceiro. A escolha das testemunhas também foi marcada pela amizade e fidelidade: o general José Pessoa, o dr. Carlos Cruz Lima, o dr. Edgard de Magalhães Gomes, o dr. Eduardo Chermont de Britto e Oswaldo dos Santos Jacintho.

Quando o testamento foi aberto, ficou claro que, apesar de todo cuidado com Gabriella, ele não confiava que ela seria capaz de gerenciar uma organização tão complexa. Ela ficaria com 52% das empresas. Os sobrinhos Vitor e Eugênio Lage, com 16,5% cada um. Os fiéis colaboradores Pedro Brando, Oswaldo Werneck da Rocha, Álvaro Catão, Ernani Bittencourt Cotrim, Mário Jorge de Carvalho e Antônio Tavares Leite, com 2,5% para cada. Provavelmente para mantê-los à frente de algo com que a viúva não saberia lidar. Fora isso, Gabriella ainda ficaria com todos os bens pessoais do marido.

Com tantos herdeiros, logo surgiram as cizânias. Dois grupos rapidamente se formaram: de um lado, Gabriella e Pedro Brando; do outro, os sobrinhos Lage. Pedro creditava o comportamento dos Lage a "um impulso de vaidade", pois nunca tiveram voz ativa nas decisões de Henrique. Acrescente-se a isso a mágoa que se criou entre os Besanzoni e os Lage ao longo dos últimos dias de vida do empresário.

Com recrudescimento da disputa, Gabriella Besanzoni mudou de estratégia. Então, por procuração dela e de outros herdeiros, Pedro Brando se tornou o inventariante, uma vez que ele tinha vinte anos de vivência nos negócios da família Lage e era quem mais bem conhecia seus problemas. Além do mais, frequentava com desenvoltura os corredores do poder.

Com o mundo em guerra em 1941, o legado de Lage estava relacionado a setores estratégicos e havia muita preocupação por parte do governo em saber com precisão qual era o seu estado financeiro. Havia um temor no âmbito da segurança nacional. Portanto, com essa intenção, foi criada uma comissão governamental para fazer uma avaliação.

Coube a Pedro Brando ser o representante da família. De acordo com seus relatos, foram apresentados dados minuciosos do frágil quadro financeiro dos negócios dos Lage, que só se sustentavam por conta de um equilíbrio obtido pelo conjunto. Ao concluir seu relatório às autoridades, ele manifestou uma opinião que mais tarde teria consequências: "A assistência oficial aumentou, o respeito pelo vulto singular de Henrique Lage cresceu, e suas empresas começaram a ser vistas com certa religiosidade." Ao mesmo tempo, sem a presença do grande líder, e os problemas sucessórios, os negócios não gozavam mais da mesma reputação.

Vale salientar que desde 1941, tratando-se da conjuntura internacional, o Brasil estava passando por mudanças. Apesar da grande quantidade de admiradores de nazistas e fascistas que compunham o governo brasileiro e a ditadura de Vargas, o país estava se afastando das forças do Eixo — Alemanha, Itália e Japão — e migrando para a esfera norte-americana. O historiador Boris Fausto diz que desde que os norte-americanos, o "colosso do norte", entraram na guerra, após o bombardeio de sua base militar em Pearl Harbor, perto do Natal de 1941, o Brasil vinha sendo pressionado a "falar uma linguagem mais claramente" pan-americana, e assim o fez. Em fins de 1941, tropas dos Estados Unidos estacionaram no Nordeste brasileiro. Também do ponto de vista cultural, o Brasil foi se ligando cada vez mais aos padrões norte-americanos. Um bom exemplo disso foi a bem-sucedida viagem de Carmen Miranda para Nova York, em 1939. No ano seguinte, o país se orgulhava de vê-la na produção hollywoodiana *Serenata tropical*.

Todas essas mudanças afetaram o espólio de Henrique. Além de ser italiana, Gabriella sempre deixara claro que mantinha boas relações com o governo de seu país. Em sua casa, exibia, orgulhosa, fotografias autografadas das principais lideranças fascistas. Isso constou no relatório governamental que avaliava também aspectos financeiros do espólio de seu marido:

A Sra. Gabriella Besanzoni Lage, de nacionalidade italiana [...] em face da legislação do Brasil, não pode controlar o capital das mais importantes empresas que o integram [...]. Se a Sra. Gabriella Besanzoni Lage não pode ser proprietária dos títulos de capital que lhe tocam, segundo o testamento, terá de vendê-los a compradores brasileiros, pela cotação que alcançarem no mercado e, de preferência, entre os legatários, de acordo com a verba testamentária.

Assim como a Primeira Guerra Mundial, a guerra de 1939 também acertou em cheio os interesses dos herdeiros de Henrique.

Em guerra

Não eram só os aviões de treinamento que saíam das oficinas das organizações Lage. Mesmo com todos os problemas financeiros e uma relação tumultuada com o Estado brasileiro, as oficinas da ilha do Vianna trabalhavam a todo vapor produzindo barcos de guerra. Ao longo do conflito foram muitas as contribuições. Sob o comando do almirante Aristides Guilhem, foram construídas seis corvetas, com quase todos os componentes fabricados no Brasil, e seis caça-submarinos. As nossas tropas se deslocavam usando os navios da Costeira, e em seus estaleiros estavam nascendo cinco novos cargueiros de 3.500 toneladas cada.

Nos ares, a situação não era muito diferente. Na ilha do Vianna foram construídas 57 aeronaves, enquanto na ponta do Caju a produção de aviões tornava o Brasil no maior produtor da região. Do ponto de vista da infraestrutura, a produção de aço ia de vento em popa, produzindo 40 toneladas por dia. Tudo isso só era possível porque, ao contrário do que ocorreu na última guerra, era possível, então, contar com o carvão catarinense. Outra empresa do grupo, a Companhia Nacional de Construções Civis e Hidráulicas (CIVILHIDRO), contribuía no esforço de guerra construindo a base de Natal e a ponte ligando a Ilha do Governador, a base militar, ao continente.

Os questionamentos sobre o comando de uma italiana de algo tão estratégico não cessavam. Italianos e brasileiros não eram mais "dois povos enlaçados pela história", como dizia o então hino do time de futebol Palestra Itália (atual Sociedade Esportiva Palmeiras). Os cidadãos e seus descendentes brasileiros dos países do Eixo passaram a ser vistos como inimigos. Até mesmo os judeus de origem desses países eram perseguidos. Falar outra língua que não fosse o português era até perigoso.

Nada disso afetara a família Lage até então. Eles, ao longo de sua existência, se casaram com mulheres europeias, cruzaram duas guerras, do Paraguai e a de 1914, e nunca foram questionados. Não era o caso agora, com Gabriella Besanzoni dando as cartas.

Além dessa guerra, acontecia uma batalha feroz pelo controle do grupo Lage. Um mês após a morte de Henrique, morria também outro de seus fiéis colaboradores, Álvaro Catão. O herdeiro de uma das cotas de 2,5% morreu em um acidente de avião na serra da Cantareira, em São Paulo. Há quem afirme que essa morte precipitou a luta surda que já existia entre os demais herdeiros. O historiador Carlos Alberto C. Ribeiro sugere que na primeira assembleia geral ordinária do grupo, já sem a presença de Henrique, esses desentendimentos de certa forma emergiram. O nome de Pedro Brando foi sugerido por Thiers Fleming para comandar a Costeira e o Lloyd. A sugestão foi acatada, e Brando se tornou diretor-presidente, e também foi eleito diretor-tesoureiro Eugênio Lage — só que o sobrinho de Henrique recusou o cargo. Outro detalhe relevante foi que essa decisão foi comunicada tanto a Gabriella como ao presidente da República. Qual poderia ser o interesse de Vargas nessa decisão?

Na sequência, ocorreu uma reunião de diretoria, e três pontos ficaram acordados: a presidência de Brando, que Fleming se tornaria consultor técnico da Costeira e que as empresas teriam controle centralizado. A forma como Thiers Fleming acabou no cargo de consultor, após algumas idas e vindas, e a recusa de Eugênio Lage ao arranjo, de acordo com a visão de Ribeiro, revelam que havia um desconforto, não contra Fleming, mas pela posição hegemônica de Pedro Brando. Essa visão é corroborada pelos escritos que ainda hoje circulam entre os herdeiros da família Catão, que defendem que a corrente de Brando "queria afastar aqueles que não se submetiam aos seus desígnios".

Outra prova clara das disputas foi a tentativa de Fleming de aparar as arestas entre Gabriella e os sobrinhos do falecido esposo. A viúva jogou pesado com Vitor Lage ao tentar despejá-lo da ilha de Santa Cruz e sacá-lo da folha de despesas da Costeira. Fez isso e ainda nomeou um sobrinho dela, Arnaldo Colasanti, para um cargo na Costeira. Esse clima de animosidade nas organizações Lage reforçava os riscos de uma possível intervenção, algo temido por todos. Tanto que Fleming tentou apaziguar os ânimos e mandou cartas para Vitor, Eugênio e Gabriella, chamando-lhes a atenção e alertando para possíveis prejuízos. De nada adiantaram seus esforços: os dois sobrinhos se voltaram contra a italiana e, em especial, contra Pedro Brando.

Os relatos da família Catão dizem que Pedro era autoritário e que pressionava todos aqueles que dele divergiam. "Como a família Catão não aceitou em ser dócil instrumento, [Pedro] tentou manchar a memória de Álvaro Catão. [...] Igualmente com Dona Gabriella se indispôs frontalmente."

Ao mesmo tempo, os norte-americanos pressionavam para que o setor naval do grupo Lage fosse encampado, setores governamentais queriam se apropriar de parte do legado de Henrique e seus herdeiros brigavam em público.

O que já estava difícil piorou ainda mais após o chamado "Pearl Harbor brasileiro". Barcos brasileiros já vinham sendo alvo de submarinos alemães. O primeiro afundou na segunda-feira do carnaval de 1942. Na sequência, o *Olinda* e o *Cabedelo* foram a pique.

Também foram torpedeados o *Arabutã* e o *Cairu*. Em 1º de maio de 1942 foi a vez do *Parnaíba*. Todas essas embarcações foram bombardeadas nas proximidades do litoral norte-americano.

Contudo, quando os ataques chegaram ao litoral brasileiro, a percepção da opinião pública mudou de forma significativa, os ataques das forças do Eixo não poderiam mais ser tolerados. Em apenas cinco dias, entre 15 e 19 de agosto, sete navios foram atacados e 607 brasileiros mortos, uma atitude que impactou o Brasil da mesma forma que o ataque japonês à base militar de Pearl Harbor, no Havaí.

De forma espontânea, em todo território nacional foram surgindo pequenas aglomerações que aos poucos ganharam mais e mais adeptos e se transformaram em grandes manifestações. Na capital, uma massa cantando o hino nacional e fazendo o "V" de vitória com os dedos marchou em direção ao Palácio da Guanabara, então residência oficial do presidente da República. Um clima de enorme comoção tomou conta da manifestação quando a massa foi recebida pelo casal presidencial nos jardins do palácio. Getúlio, em discurso improvisado, garantiu: "A agressão não ficará impune!"

No dia 22 de agosto, o Brasil entrava em guerra contra a Alemanha e a Itália. O clima, que já não era favorável aos membros das duas colônias, piorou muito. A situação deles não era nada confortável já desde o início do ano, quando fora decretado que os bens de japoneses, alemães e italianos residentes no país seriam usados para cobrir os prejuízos provocados pela máquina de guerra do Eixo. Além disso, até 30% de seus depósitos bancários seriam transferidos compulsoriamente para o Banco do Brasil, e também suas propriedades com valor superior a dois contos de réis seriam confiscadas.

Os efeitos da guerra já haviam alterado a vida de importantes empresas nacionais. O comando da companhia aérea Varig saiu das mãos do alemão naturalizado, e amigo de Vargas, Otto Ernst Meyer, para as de Rubem Berta. Outra empresa aérea que promoveu mudanças foi a Condor, também de origem germânica, que mudou seu nome para Cruzeiro do Sul.

Para Gabriella Besanzoni, a situação ficou ainda mais delicada. Acuada pelos acontecimentos, dois dias após a declaração de guerra, Gabriella tentou uma cartada, enviando uma circular aos dirigentes e trabalhadores das organizações Lage:

> No mesmo momento em que o nosso grande Brasil tomou posição decisiva na defesa do seu precioso patrimônio nacional, dirijo-me a todos, dos mais simples homens do mar, dos estaleiros, das minas e das fabricas, até os diretores das várias empresas da organização Henrique Lage, conclamando-os a realizarem a mais sólida união e a mais fervorosa dedicação ao trabalho, a fim de que consigamos oferecer ao nosso grande presidente a maior soma de elementos úteis à disposição do sagrado Serviço de Defesa Nacional.

Com o cerco se fechando, ela, que nunca pensara em se naturalizar, investiu de forma desesperada em algo que poderia mudar a sua situação: tornar-se brasileira.

O DIA D: A DESAPROPRIAÇÃO

Poucos dias após a publicação da circular colocando-se ao lado do presidente Vargas e do Brasil, Gabriella recebeu um duro ataque do *Diário Carioca*, periódico que era de propriedade de José Eduardo de Macedo Soares, conhecido pela alcunha de príncipe dos jornalistas brasileiros.

O título da matéria, "Ameaça à nossa segurança", era demolidor. Lembrava o jornal que o governo lançara uma série de leis de exceção no interesse da defesa nacional. Uma delas era a mudança na Lei nº 62, que facilitava a dispensa de empregados súditos do Eixo. Os suspeitos estrangeiros, mesmo com mais de dez anos de vínculo empregatício, poderiam ser demitidos. No entanto, lembrava o jornal, o governo que agia de forma tão radical contra os trabalhadores era dócil com os patrões. Não era o caso de tomar providências em relação aos patrões súditos do Eixo que estavam no comando de empresas que interessavam de perto à segurança nacional? Como podia uma organização que controlava duas empresas de navegação, a Costeira e o Lloyd, minas de carvão, uma fábrica de aviões e usinas siderúrgicas não ser comandada por brasileiros?

A matéria então colocava o dedo na ferida: como poderia o espólio de Henrique Lage ser controlado pela "signora" Gabriella Besanzoni? O jornal também lembrava quem era a viúva de Henrique:

> A sra. Besanzoni Lage não é apenas a súdita do Rei e Imperador, em cujo nome o Duce nos faz a guerra. É fascista de corpo e alma, ligada aos altos círculos da administração de seu país, e não nos parece — digamo-lo em seu abono — que jamais procurou escondê-lo.

O jornalista não poupou o irmão de Gabriella, e alertou qual era o real perigo de ter italianos em posições de relevo:

> O Sr. Ernesto Besanzoni, cidadão fascista, italiano da gema, que a estas horas deveria estar servindo numa divisão de camisas pretas, não fora mais interessante para o Duce conservá-lo aqui, controlando a construção de aviões para a nossa força aérea.

Por fim o jornal atacou a última artimanha de Gabriella:

> Sempre fez questão de sua italianidade, só se lembrando de pedir título declaratório de nacionalidade brasileira em fevereiro do corrente ano, depois de rompidas as relações com a Itália, o que lhe criava uma situação embaraçosa. De qualquer maneira, nacionalizada ou não, a sua permanência à frente de certas empresas na-

cionalizadas ou não se justificaria em tempo normal, constituindo, por isso, flagrante ilegalidade.

Gabriella, por seu lado, se mantinha como se nada estivesse acontecendo. Muito pelo contrário, desafiava o momento adverso e fazia de tudo para mostrar publicamente que estava no comando dos negócios. Em março de 1942, ela foi a Imbituba inaugurar uma importante obra no porto. Uma gigantesca estrutura de madeira, uma das maiores já construídas no mundo, a caixa de embarque de carvão entraria em atividade. As novas instalações foram batizadas com o nome de Álvaro Catão. Com a presença da imprensa local, ela aproveitou a oportunidade para reforçar seu apreço pelas autoridades brasileiras, e fez elogios ao interventor de Santa Catarina, Nereu Ramos, e "ao nosso grande presidente Getúlio Vargas".

Se não bastassem os problemas com a conjuntura nacional, Gabriella ia se revelando uma gestora sem nenhum preparo. Algumas fontes contam que ela criava situações de incertezas, ora prestigiando um, ora prestigiando outro gestor. Fomentava intrigas e recebia funcionários subalternos para os estimular a denunciar seus superiores. Um ex-colaborador do espólio Lage disse que "ela era ávida em tomar conhecimento desses fatos, não para tomar atitudes construtivas, mas para tornar-se sabedora de pequenos segredos, e pequenas fraquezas, para melhor manobrar os indivíduos".

Se Gabriella vivia um momento difícil, Pedro Brando era extremamente hábil, pois, diferentemente da viúva, não tinha nenhum contencioso de maior monta, ou seja, era brasileiro e, portanto, não havia motivo algum para sofrer qualquer tipo de questionamento. Em seu relato sobre as organizações Lage, ele afirmou que havia problemas entre os que "nunca comandaram, que sempre estiveram à margem das grandes decisões, mais por um simples impulso de vaidade do que de bem servir às empresas e ao país, [e que] abrem luta contra quem poderia continuar a coordenar com eficiência e acerto e que estava por diversos motivos credenciado".

Brando contou que era do conhecimento da presidência do Banco do Brasil as desavenças entre os gestores das organizações Lage, e que isso era motivo de preocupação. O tema já era de conhecimento do presidente da República. Ele teria sido o primeiro a saber que haveria a encampação, através do ministro da Fazenda, em uma reunião com a presença de altas autoridades.

O primeiro grande movimento de Vargas, nesse sentido, aconteceu por meio de um decreto que obrigava a entrega de todo o carvão nacional ao governo federal. O segundo, e definitivo, em nome da defesa nacional, de 2 de setembro de 1942, incorporava o patrimônio das organizações Lage. A decisão de intervir no espólio Lage pode ter tido duas motivações: uma de segurança nacional e a outra para evitar que as brigas internas colocassem em risco o próprio conglomerado.

Bastou uma única assinatura de Vargas e todo este patrimônio, no total 1,1 bilhão de cruzeiros, se tornou do Estado: Companhia Nacional de Navegação Costeira; Lloyd Nacional; Companhia Brasileira Carbonífera de Araranguá; Companhia Docas de Imbituba; Companhia Nacional de Construções Civis e Hidráulicas; Banco Sul do Brasil; Companhia Nacional Mineração de Carvão do Barro Branco; Companhia de Mineração e Metalurgia São Paulo-Paraná; Companhia do Gandarella; Cia. Industrial Friburguense; Lloyd Industrial Sul Americano; Lloyd Sul Americano; Companhia Nacional de Navegação Aérea; S.A. Gás de Niterói; Companhia Nacional de Indústrias Minerais; Empresa de Terras e Colonização; Cia. de Navegação São João da Barra e Campos; Cia. Nacional de Imóveis Urbanos; Cia. Nacional de Exploração e Óleos Minerais; Companhia Nacional de Energia Elétrica; S/A Estaleiros Guanabara; A. M. Teixeira & Cia. Ltda.; Sauwen & Cia. Ltda.; Henrique Lage (sucessor de Lage & Irmãos); Henrique Lage (Fábrica Maruí); M. Freire & Cia. Ltda.; Cia. "Serras" de Navegação e Comércio; Sociedade Brasileira de Cabotagem Ltda.; e Cia. Cerâmica de Imbituba.

Apesar do foco da decisão ser Besanzoni, a família de Henrique também foi dramaticamente atingida. Os Lage seguiam com suas casas na ilha de Santa Cruz, onde viviam desde a segunda década do século XIX. Eliane Lage conta que seu pai, ao ver o oficial de Justiça desembarcando na ilha com um mandado de confisco da propriedade, pegou poucas roupas antes de ir embora, pois tinha certeza que em poucos dias estaria de volta, mas nunca voltou. Em seu relato, ela conta que o pai foi buscá-la no Colégio Sion, em Petrópolis, e ele foi logo dizendo: "Mudamos de casa." Na sequência, eles foram comprar roupas, pois a menina perdera tudo (roupas, brinquedos, pertences etc.).

Já na visão de Pedro, o motivo de medidas tão drásticas era simples: os herdeiros não tinham como arcar com o gigantesco passivo do espólio de 300 milhões de cruzeiros, mesmo sendo ele apenas um terço do ativo do espólio.

Gabriella Besanzoni, apesar de ter sofrido um baque com a notícia, e, como maior herdeira, ter sido a mais lesada, achou prudente não confrontar Vargas. Segundo Brando, em outra carta, reforçou, em nome de Henrique, os laços de amizade com Getúlio. Também elogiou algumas decisões:

> Agora, V. Ex.ª, cumprindo ditames imperiosos que emanam dos mais sagrados deveres que dizem respeito à própria defesa do Brasil, acaba de incorporar a Organização ao Patrimônio do país. Além disso, a nomeação do Sr. Pedro Brando para o elevado cargo de Superintendente representa um prolongamento da orientação de brasilidade que Henrique Lage imprimia a todas as suas atividades e que soube tão bem transmitir a esse seu discípulo amado.

Em uma só canetada tudo foi parar nas mãos de Pedro Brando. Mesmo assim, Gabriella continuava rica, pois herdou os bens pessoais do marido que não entraram no complicado espólio. Rica, mas ainda sonhando com a possibilidade de reaver ao menos uma parte do que lhe fora tomado pelo Estado.

Assim, ela e Pedro Brando, aliados de primeira hora, foram se afastando. Ele defendendo a incorporação; ela em uma posição de questionamentos crescentes. Sem contar que Gabriella seguia cercada com sua corte de sobrinhos, admiradores, amigos e parasitas, que alimentavam todo tipo de intrigas.

As disputas entre Gabriella e Pedro Brando ficaram ainda mais ferozes ao fim da Segunda Guerra Mundial e do Estado Novo. Provavelmente, Gabriella calculou que tudo voltaria ao normal — ela recuperaria o que fora encampado ou seria indenizada. Como nada aconteceu, suas baterias se voltaram contra Pedro Brando. Os dois entraram em um embate violento. O superintendente das organizações Lage, "discípulo amado" do finado esposo de Gabriella, acabou se sentindo ofendido em sua honra e o caso foi parar nas páginas policiais. Antigos frequentadores do Theatro Municipal ainda lembram o dia em que os dois se encontraram ao acaso no foyer. O bate-boca foi do nível de uma opereta bufa, com ofensas, palavrões e todo tipo de xingamentos.

Em novembro de 1953, após um longo e bizarro processo, Gabriella, que nem morava mais no Brasil, foi condenada a uma pena de oito meses de reclusão, multa de 4 mil cruzeiros e ainda arcou com as custas do processo.

Foi um final de vida que mais lembrava uma ópera — com uma grande abertura, cenas lindas e emocionantes, cenários deslumbrantes e, no último ato, a heroína estava só, no meio do palco, à espera do pior desfecho.

Último ato

Fazia frio no pequeno povoado de Pan de Azucar, no departamento de Maldonado, a pouco menos de 100 quilômetros de Montevidéu, capital do Uruguai. Um casal de italianos, os dois já na casa dos 60 anos, parou o carro e pediu informações sobre o endereço do cartório de registros civis. Não foi difícil achar o local, nas imediações da igreja de Nuestra Senhora de las Dolores. Ao fundo, viram o cerro Pan de Azucar, um dos mais altos do país. Assim que chegaram, foram mostrando os documentos necessários: os passaportes e a certidão de óbito do ex-marido da noiva, e sua tradução juramentada. Para sorte do casal, havia a possibilidade de se sacramentar a união sem a presença de testemunhas, uma opção ainda mais barata.

Os trâmites só não foram mais rápidos porque volta e meia algum funcionário do cartório parava de trabalhar para abastecer a cuia de mate. Chegaram a ensaiar a popular *ronda*, um animado bate-papo em torno da bebida, mas foram constrangidos pelo senhor italiano que tinha certo ar militar. Só então começaram os trabalhos para legalizar a relação do casal.

O nome da noiva? A plenos pulmões, ela respondeu "Gabriella Besanzoni Lage". Mas nem assim foi reconhecida. A segunda pergunta foi quase uma ofensa: data de nascimento. Ela, indignada, fez uma rápida conta para calcular uma ilusão. Num piscar de olhos, subtraíra quatro anos. As perguntas se sucederam até chegar a vez do noivo. Seu nome era Michelle. Apesar de sempre se apresentar como coronel, ele não fez questão de registrar essa informação.

Diferentemente de seu primeiro casamento, não havia imprensa, nem nacional e muito menos a internacional, nem presentes deslumbrantes ou convidados famosos e poderosos. Tampouco haveria uma lua de mel de sonhos, com joias deslumbrantes ou glamour. Ao contrário de Henrique Lage, o noivo era um homem pouco conhecido, que ninguém sabia ao certo o que fazia da vida. Em tese, ele era da Guarda Financeira italiana, a alfândega daquele país. Quando lhe convinha, se dizia coronel. Não parecia ser muito polido, e suas habilidades intelectuais eram limitadas. Para muitos, era, no máximo, um camponês astuto.

Antes de entrar no carro, ela leu na lataria "Chrysler Plymouth De Luxe". Imediatamente, se lembrou de seu automóvel preferido, um Fiat vermelho comprado em Turim, na Itália. Fora projetado para o príncipe Humberto, trazia os emblemas reais da Casa de Savoia nas portas, e não estava à venda, mas ela se encantara com o veículo. O nobre italiano, ao saber que a cantora se apaixonara pelo carro, abriu mão da compra, e a fabricante mandou entregá-lo no Rio de Janeiro. Isso sim era luxo, não o velho Chrysler de matrícula uruguaia. Assim que tomou assento, também se lembrou que, dali por diante, ela era a senhora Gabriella Besanzoni Lage Lillo.

O fim da ditadura do Estado Novo e da Segunda Guerra Mundial trouxe um alento para os herdeiros do espólio Lage. Era hora de o Estado brasileiro acertar contas com eles. O problema era como calcular a milionária indenização. O governo provisório que fora estabelecido decretou, em meados de 1946, um juízo arbitral para definir os valores que a União devia aos muitos herdeiros de Henrique. Uma enorme tarefa, pois a encampação tragou uma grossa fatia de seu legado, tanto que os trabalhos se arrastaram ao longo de quase dois anos.

No início de 1948, na sede do Supremo Tribunal Federal (STF), aconteceu a audiência final. Boa parte desse tempo foi consumida por um perito em falsificação, tamanha a quantidade de documentos duvidosos que havia sido anexada ao processo. Além disso, quinze experts em navios opinaram, e contadores examinaram mais de mil processos de habilitação de crédito. Por unanimidade, conclui-se que a União devia 688 milhões de cruzeiros (aproximadamente 250 milhões de dólares). Era a maior sentença em valores já deferida pela Justiça do Brasil.

A notícia de que Gabriella Besanzoni receberia essa quantia milionária reacendeu velhas discussões. Setores da imprensa não se conformavam com algumas decisões, em especial a do presidente da República José Linhares, que já devolvera os bens confiscados aos espiões nazistas Herm Stoltz e Theodor Wille. A grita foi generalizada por entregar a uma fascista italiana, defensora de um regime que causara danos ao país, tanto dinheiro.

Se já não bastasse isso tudo, as desavenças entre os herdeiros reacenderam com força total. Pedro Brando se viu encrencado no caso de dois navios, e uma parte do processo de indenização foi parar nos tribunais criminais por conta da anexação de documentos falsos. Gabriella, por sua vez, abriu uma nova frente de encrencas contra os cinco herdeiros de Álvaro Catão. O espólio de Henrique, que já era intrincado por conta da morte de seu auxiliar, ficou mais ainda com a entrada dos novos beneficiados.

A vida de Gabriella não ficou restrita aos problemas jurídicos. Ela seguia vivendo no Parque Lage, cercada por sua exótica corte, e até mesmo promovendo eventuais apresentações musicais. Nada que lembrasse o auge de sua juventude. Ao fim da década de 1940, ela já era uma senhora, sem o mesmo poder de sedução de outros tempos.

Ainda em janeiro de 1944, ela subiu ao palco do Teatro Serrador, no Rio de Janeiro, acompanhada do maestro Eliezer de Carvalho. O espetáculo foi um fiasco completo. Segundo a crítica, a pequena cena não comportava uma orquestra sinfônica, sem contar que comprometia a acústica. Para agravar, fazia muito calor na sala de espetáculo, e, o mais grave, Gabriella não tinha o mesmo brilho da juventude, e sua voz não era mais a mesma.

Ainda assim, ela seguiu cantando em palcos cada vez menos glamorosos. Esteve nos estúdios da Rádio Globo do Rio de Janeiro em seus primórdios, chegou a participar do programa "Artistas Novos do Brasil" e se apresentou com o aluno Paulo Fortes na obscura Rádio Cruzeiro do Sul. Gabriella também cantava em pequenos eventos privados, como missas e reuniões beneficentes. Um jornal italiano de São Paulo, em maio de 1948, disse que ela não passava de "uma comadre grã-fina".

A sobrinha, a escritora Marina Colasanti, conta que a vida no Parque Lage, na virada dos anos 1940 para os 1950, era um verdadeiro clube. Todos os dias, por volta das 17 horas, a casa virava um ponto de encontro de artistas. Homens vestidos de terno branco, na maioria músicos, animavam a vida do palacete, tudo regado com muito uísque. Além deles, a família Colasanti ia diariamente se encontrar na casa da tia Gabriella.

Em um de seus últimos grandes atos de proporções hollywoodianas, Besanzoni resolveu levar para Nova York, no fim dos anos 1950, sua famosa coleção de joias. O objetivo da viagem era colocá-las no seguro. Ela, que já vivia longe dos refletores, viveu ao menos um dia de glória. Quando seu avião aterrissou nos Estados Unidos, Gabriella foi recepcionada em grande estilo, com limusine, carro-forte, e, o mais charmoso, batedores da polícia.

Enquanto isso, seguiam os trâmites jurídicos no Brasil para o recebimento das várias partes da herança de seu marido. Gabriella, que aparentemente não tinha mais forças, ou vontade, legou ao polêmico Michelle Lillo o acompanhamento das causas. A decisão se mostrou pouco eficaz: o novo marido de Gabriella não tinha ideia do que eram as organizações Lage. Fora isso, desconfiava de tudo e de todos. Sua atuação em alguns momentos foi motivo de chacota. Ele promoveu uma enorme celeuma por conta de uns terrenos na ilha do Engenheiro, uma propriedade sem nenhum valor no fundo da baía de Guanabara.

Se no Parque Lage havia um clima de festa para os amigos, o mesmo não se pode falar para os negócios. Gabriella recebia com muita frequência advogados, outros herdeiros e pessoas que tinham alguma ligação com o processo do espólio. Algumas pessoas eram tratadas a pão e água, outras nem isso. Joaquim Xavier da Silveira, casado com Lilia, filha de Álvaro Catão, disse que, nas reuniões, sempre noturnas, no palacete "era servido cafezinho com água, às vezes vinho, às vezes nem vinho, nem água, nem café, dependendo do humor da anfitriã".

Em maio de 1956, Gabriella nomeou com plenos poderes Gastão dos Santos Ribeiro como seu procurador. Ela estava decidida a voltar para a Itália. Ao contrário do que se pensava, seguia tendo uma vida sem problemas financeiros, fato talvez encoberto pelo Estado, que ficou com sua mais famosa propriedade, o Parque Lage.

O palacete da rua Jardim Botânico foi aos poucos sendo coberto por um clima sombrio, assim descrito pela sobrinha Marina:

> Na casa eu moro com meu irmão, e, às vezes, com meu pai, quando vem da fazenda. O casal de empregados que dorme no andar térreo desaparece tão completamente, logo depois do jantar, que parece partir. [...] A sala de refeição dos empregados tem muitas cadeiras, já inúteis, ao longo da mesa comprida. [...] No corredor comprido, muitas portas, antes quartos de empregados, algumas fechadas a chave, protegendo malas esquecidas. [...] Ao centro do pátio, a piscina é verde e escura [...]. Nos quatro cantos, os sapos de bronze não cospem mais água. [...] Quando meu pai vem, abre-se também o quarto dele. Os outros estão, na maioria, fechados a chave, fora alguns comunicantes que, sem móveis, se alinham vazios [...].

Os jardins do Parque Lage também não resistiram à decadência. Marina conta que não se sentia confortável de ter que andar sozinha do portão até o palacete. Tanto que passou a usar uma pistola que fora dada pelo pai.

Cai o pano

Talvez a maior mudança na vida de Gabriella em seu retorno à Roma tenha sido a troca da marca de seus cigarros. No Rio de Janeiro, ela fumava invariavelmente os da marca Hollywood; já na Cidade Eterna, não se sabe qual era a sua preferida. Ela se instalou em uma confortável casa na Via Cassia, 15, a Villa Rita. Rapidamente conseguiu recriar uma corte de fiéis admiradores. Apesar de ainda ser muito reconhecida em público, era ignorada pela imprensa italiana.

Escoltada pela fiel empregada Giovana Elba, assistida por Marcela Fantagoni e conduzida pelo motorista Antônio, Gabriella vivia cercada por seus alunos de canto que lhe dedicavam uma admiração quase que divina. Ela os mantinha ao seu redor muito mais pelo carisma do que por seus dotes pedagógicos. Marcava as aulas e invariavelmente se atrasava, e, quando aparecia, insistia sempre nos mesmos exercícios vocais. Um de seus alunos, o biógrafo Roberto di Nobili Terré, reclamava da falta de continuidade e das repetições monótonas de suas aulas.

Gabriella seguia se comportando como uma Diva. Mesmo quando estava vestida de forma casual se cobria de joias. Adorava se cercar das alunas para bater papo, em geral conversas fúteis e superficiais, mas que na opinião de Roberto eram "confabulações diabólicas". Para ele, a professora não tinha nenhum interesse em ensinar, pois Gabriella mantinha uma relação instável com seus alunos. Alguns dias era mais afável e enchia a casa com a sua sonora gargalhada, em outros não queria estar com ninguém. Raramente atendia ao telefone e quando o fazia imitava a voz da fiel Alba ou a de seu motorista. Ao contrário do que acontecia no Parque Lage, ela era detestada pelos vizinhos, que reclamavam do barulho das cantorias de seus alunos. Eles, por motivos óbvios, não faziam nenhum progresso musical. Tanto que, após dois anos de estudos, se inscreveram no Concurso Lírico de Monte Chiari, em Brescia, e todos foram eliminados logo na primeira fase. Gabriella não passou recibo e creditou a velha inveja que sentiam dela e que agora se transformara em vingança.

Seu casamento se revelou um enorme fiasco, e Michelle Lillo passava mais tempo no Brasil envolvido na luta pela herança da esposa do que em Roma. Ela deixava bem claro que se arrependera do casamento, que só se casara porque se sentia fragilizada e viu em Lillo um protetor, algo que ele nunca conseguiu ser. No Brasil, ele nunca foi visto como uma pessoa séria, e não tardou para que Gabriella percebesse isso também. Suas longas temporadas no Rio de Janeiro tinham mais a ver com o estilo de vida propiciado pelas delícias da cidade do que com preocupações jurídicas. A relação entre os dois piorou muito quando ele vendeu parte do Parque Lage. Gabriella se sentiu ultrajada, pois considerou o negócio inaceitável.

Ao fim de 1960, Gabriella sofreu uma queda e quebrou o braço. Fez algumas operações, mas nunca se restabeleceu plenamente. Foi aos poucos ficando abatida pela falta de saúde. Dois anos mais tarde, sofreu uma trombose e teve complicações pulmonares. La Besanzoni morreu num domingo, 8 de julho de 1962. Seu funeral aconteceu na Grande Mãe de Deus, em Ponte Milvio. Além do marido, havia alguns poucos parentes e alunos.

Seu testamento foi polêmico: deixou um apartamento para a fiel Giovana Elba e outro para Marcela Fantagoni; suas joias foram herdadas pela sobrinha Marina Colasanti; e o marido ficou apenas com o disposto em lei. Ernesto, o irmão ingrato, ficou sem nada. Inconformado, ele entrou na Justiça tentando invalidar o testamento, alegando que Gabriella "não tinha uso pleno de suas faculdades mentais". A irmã Adriana — uma "víbora", segundo a diva, que queimou tudo o que havia no Parque Lage, inclusive todos os álbuns que formavam a vida artística de Gabriella, baseada em recortes de jornais e revistas — também nada herdou.

No Brasil, a morte de Gabriella Besanzoni repercutiu em boa parte da imprensa nacional. Quando o testamento foi aberto, o que mais chamou atenção dos jornais brasileiros foi o oferecimento de 1 bilhão de cruzeiros para os pobres por intermédio de uma entidade religiosa, a Propagação da Fé. Outra curiosidade sobre o desaparecimento dessa gigante da ópera mundial foi que ninguém no Rio de Janeiro, cidade em que ela viveu por três décadas, publicou um único anúncio fúnebre lamentando o seu passamento.

A herança malsinada

Em janeiro de 1961, no último mês do mandato do presidente Juscelino Kubitschek, o deputado do Partido Trabalhista Brasileiro (PTB) Sérgio Magalhães fez um discurso na Câmara dos Deputados:

> Há dias, tive ocasião de prender a atenção dos meus eminentes colegas com a exposição de fatos trazidos ao meu conhecimento, referentes a uma vultosa operação imobiliária, no Estado da Guanabara.
> Trata-se, sr. presidente, do famoso Parque Henrique Lage, objeto de atenção do governo do saudoso presidente Getúlio Vargas, que o inscreveu no Livro do Tombo, como uma preciosidade a preservar. [...] Por isso, sr. presidente, na minha recente viagem ao Rio, interessei-me em proceder a novas indagações, estudar mais profundamente aquele negócio apresentado com foros de escândalo, e é o resultado dessas investigações que venho apresentar, desta tribuna.
> O Parque Henrique Lage foi deixado como herança à sra. Gabriella Besanzoni Lage por seu marido, o grande industrial Henrique Lage. Tendo de pagar dívidas ao Banco do Brasil, a viúva Henrique Lage deu como pagamento parte daquele terreno.

Aceitando essa doação, os poderes públicos deitaram por terra os objetivos da inscrição do Livro do Tombo, pois o belo parque foi desmembrado, cortado em dois, com o beneplácito das próprias autoridades.

Por outro lado, sr. presidente, o Serviço do Patrimônio Histórico e Artístico Nacional [SPHAN], dispondo naturalmente de parcos recursos para preservar os monumentos históricos a seu cargo, não pode dar a devida atenção ao Parque Henrique Lage. Em consequência, sr. presidente, não foi o belo parque traçado pelo famoso paisagista [John] Tyndale, no começo do século, que o presidente Juscelino Kubitschek destombou. O que o presidente destombou foi um terreno abandonado, desmembrado, um extenso matagal, uma porta aberta para a instalação de mais um abrigo de marginais naquela cidade [...].

Há um outro aspecto, sr. presidente, que merece a atenção geral, na defesa dos cofres públicos. A empresa que adquiriu, da viúva Lage e do Banco do Brasil, as duas partes do terreno, já tem as plantas aprovadas pelo governo do estado. Estão em seu poder todos os alvarás de construção. Nestas condições, torna-se óbvio que a desapropriação não mais atenderia o interesse público [...].

No início da década de 1960, o último legado de Henrique, o famoso Parque Lage, única obra sua que conservava o seu nome, corria risco de desaparecer. Uma parte de seu legado, carvão, aço e navios, havia sido engolida pelo voraz apetite do Estado. Devoradas e destroçadas pela gula insaciável do estatismo, suas empresas de navios foram deixando de ser uma marca de qualidade e eficiência até sumirem totalmente. Os Itas após a guerra já eram barcos decadentes, a Costeira acabou virando uma autarquia federal e o Lloyd Nacional foi tragado pelo Lloyd Brasileiro. Nenhuma delas sobreviveu à virada do século. O setor do aço foi condenado assim que a usina de Volta Redonda entrou em atividade. Uma vitória conceitual, pois dali em diante o Brasil seria autossuficiente.

Outra parte do legado de Henrique foi adquirida por um dos filhos de Álvaro Catão, Francisco. Em 1950, ele arrematou as demais empresas do grupo Lage, como a Cia. Docas de Imbituba, a Cividrilho, empresas de engenharia portuária, a Lage & Irmãos, dona das salinas de sal no Rio de Janeiro e no Rio Grande do Norte, o Gandarela, a Estaleiros Guanabara, e as companhias São Paulo-Paraná e Gás de Niterói. Em Imbituba, cidade que nasceu pelas mãos de Henrique, há hoje muito mais ligações com o sobrenome Catão do que Lage.

O setor do carvão catarinense se beneficiou da política de reserva de mercado ao longo de décadas. Só no governo do presidente Fernando Collor de Mello, entre 1990 e 1992, com o fim da política protecionista, o setor carbonífero local entrou em decadência. A Companhia Docas de Imbituba foi uma entidade privada até 2012, quando passou a ser controlada pelo governo do estado de Santa Catarina.

A fábrica de aviões também não sobreviveu. Com o fim da guerra e a falta de encomendas, encerrou suas atividades pioneiras. Apesar de tudo, o legado de Henrique e Gabriella, que tinha tudo para ser sepultado, teimava em sobreviver.

Do ponto de vista artístico, uma das maiores heranças coube à sobrinha Eliane. Nos anos 1950, quase que ao acaso, ela se tornou atriz da produtora de cinema paulista Vera Cruz. Eliane Lage, com um dos rostos mais bonitos da história do cinema brasileiro, estreou no filme *Caiçaras*. Na avant-première, em 1950, no teatro do Copacabana Palace, para sua surpresa, Gabriella apareceu, se sentou ao seu lado e passou boa parte da projeção repetindo o mesmo comentário: "Bravíssimo!" Eliane participou de outras produções como *Ângela*, *Terra é sempre terra*, *Sinhá moça* e *Ravina*. Contracenou com grandes atores — Ruth de Souza, Vitor Lima Barreto e Anselmo Duarte — e dramaturgos como Maria Clara Machado. Foi premiada por sua atuação em *Sinhá Moça*, filme que foi multipremiado fora do Brasil.

Os sobrinhos de Gabriella, Marina e Arduíno Colasanti, também herdaram uma forte veia artística. Além de ter sido um dos precursores do surf no Rio de Janeiro, Arduíno foi galã de cinema e participou de inúmeras produções: *Como era gostoso o meu francês*, *Memórias do cárcere*, *Xuxa e o tesouro da Cidade Perdida*, entre outros. Já sua irmã, Marina, começou sua vida profissional como jornalista, passou pelas artes plásticas e se consagrou como uma das maiores escritoras do país. Ela e Eliane, que fizeram parte da mesma história, e frequentavam os mesmos ambientes, só vieram a se conhecer no início do século XXI.

O único vestígio que sobreviveu sobre essa saga, o Parque Lage, foi salvo no início da década de 1960 por uma conjunção de fatores. O imóvel fora desmembrado e uma parte vendida por uma ninharia, pois era tombado pelo patrimônio histórico. O tombamento não tinha nada a ver com o palacete e seus jardins, mas para preservar suas antigas instalações coloniais. O lote maior fora usado para quitar uma dívida de Gabriella com o Banco do Brasil.

Quando isso aconteceu, uma empresa imobiliária de propriedade de Arnon de Mello (pai do ex-presidente Fernando Collor) e do jornalista Roberto Marinho recompraram o Parque do Banco do Brasil. Foram eles, um dono de jornal importante e um senador influente, que convenceram o presidente Juscelino Kubitschek a "destombar" a propriedade, pois tinham em mente dois grandes projetos imobiliários: ou seriam erguidos oito prédios de 21 andares, ou um cemitério de alto luxo; em ambos, o palacete seria derrubado.

No início da década de 1960, o governador da Guanabara, Carlos Lacerda, e o jornalista Roberto Marinho, apesar de serem do mesmo bloco ideológico, viviam um momento conturbado em suas relações. As desavenças eram de fundo político e empresarial, mas acabaram tendo como consequência os interesses imobiliários do jornalista no Parque Lage.

Entretanto, houve uma mobilização para que o parque não fosse destruído. Uma das mais próximas colaboradoras do governador Lacerda, a arquiteta e paisagista Lotta de Macedo Soares, a grande responsável pelo projeto do Parque do Flamengo, se mobilizou e fez de tudo para salvar o Lage da destruição. Do outro lado, atuando em defesa do palacete, estava o poeta Augusto Frederico Schmidt, que procurou o jornalista Roberto Marinho e argumentou: "O diretor de *O Globo*, filho de Irineu Marinho, o responsável por um grande jornal, até aqui respeitável, não pode se transformar em um papa-defunto, loteando terreno para cadáveres de anjinhos porque ocupa menos espaço e se vende pelo mesmo preço".

O Parque Lage acabou salvo por um decreto de novo tombamento pelo governo da Guanabara. Em compensação, os incorporadores ficaram com um valioso terreno em uma das avenidas mais centrais do Centro do Rio de Janeiro. Apesar de salvo, o local nunca mais seria conhecido pelo seu nome original, parque Henrique Lage.

Não seria honesto dizer que o nome do empresário foi totalmente esquecido. No Rio de Janeiro e em Santa Catarina existem escolas públicas com o seu nome. Uma única instituição do país segue homenageando de forma ininterrupta o industrial Henrique Lage. Ainda hoje a Academia Militar das Agulhas Negras o tem como o cadete nº1. Todas as turmas que se formam nessa prestigiosa instituição militar sabem quem foi Henrique, e ainda hoje quando a chamada é realizada entre os cadetes do ano inicial, o primeiro nome que se escuta é Henrique Lage.

Em 1962, o escritor e jurista Joaquim Pimenta escreveu em sua coluna do *Diário Carioca*:

> Muito bem observou o sociólogo Karl Mannheim que o homem moderno não vê mais a árvore e sim a madeira. Esta filosofia seca, egoísta, odiosamente utilitária para um idealista; de "completa indiferença", como diria Werner Sombart, "pelo problema do desti-

no humano" não era e nunca foi a filosofia de Henrique Lage. Por mais estranho ou incrível que parecesse, o que menos o preocupava, na administração de suas 34 empresas, era a ideia de lucro. Ele era um industrial por instinto, por prazer, por paixão, fazendo indústria pela indústria, como o artista que o fizesse arte pela arte; ou, por outra, ele reunia indústria e arte, não na primitiva acepção em que os dois termos filosoficamente se confundiam, mas por um vínculo de correlatividade em que, para valer-me de uma comparação, o fragor metálico das suas máquinas tinha, para ele, a mesma opulência e beleza de ritmos, o mesmo encanto, a mesma sedução, o mesmo feitiço, que a voz prodigiosa, com que a deixou empolgar e prender de Gabriella Besanzoni.

Naquele cabo de enxada ele não via apenas um tosco pedaço de madeira, mas o que poderia ser, em que poderia tornar-se pela técnica de uma grande artista da indústria...

Agradecimentos

Sem Carlos Andreazza este livro não teria sido possível. Foram inspiração pura Cristina Oldemburg e Guiomar de Grammont, que me colocaram cara a cara com Henrique Lage, além de Gabriel Pinto, da Federação das Indústrias do Estado do Rio de Janeiro (Firjan), Gil Neey e Bento Xavier da Silveira. Ao grande especialista em Henrique Lage, Carlos Alberto Campelo Ribeiro. Aos Lage: Eliane, André, Betty, Frederico, Clara e Ana Lúcia. Aos herdeiros do complicado espólio Lage, Gody Rodrigues e dona Margarida Espada Tavares Leite. Do lado Besanzoni, Marina Colasanti e Marcelo Del Cima. No Parque Lage, Lula Hime e Luiz Guilherme. Em Imbituba, Dorvalino Pedro de Mello Filho, Eduardo Sérgio Pigozzi Ferreira, Gilberto Barreto da Costa Pereira, Glaucia Mandra da Silva, professora Maria Aparecida P. Santanna e Ronaldo Augusto Pires. Na Academia Militar das Agulhas Negras (AMAN), o general Gustavo Henrique Dutra, coronel Hiram, coronel Carlos Alberto Peres, coronel Dimas, coronel Gomes da Silva.

Na Fundação Biblioteca Nacional (FBN): Daniele Cavaliere Brando. No Instituto Histórico e Geográfico Brasileiro (IHGB): Pedro Tórtima.

Referências bibliográficas

ALMEIDA, J. A. D. *Antes que me esqueça*. Rio de Janeiro: Francisco Alves, 1976.
_____. *A palavra e o tempo*. Rio de Janeiro: José Olympio, 1986.
AMADO, G. *Os inocentes do Leblon*. Porto Alegre: Globo, 1946.
ANTONGINI, T. *A vida secreta de D'Annunzio*. São Paulo: Cia. Editora Nacional, 1939.
ARLT, R. *Águas-fortes cariocas*. São Paulo: Iluminuras, 2013.
ASSAF, R. *Seja na terra, seja no mar*. Rio de Janeiro: Edição do Autor, 2019.
BANDEIRA, M. *Presença dos Estados Unidos no Brasil*. Rio de Janeiro: Civilização Brasileira, 1973.
_____. *Crônicas da província do Brasil*. São Paulo: Cosac Naify, 2006.
_____. *Crônicas inéditas 2*. São Paulo: Cosac Naify, 2009.
BARATA, C. E.; GASPAR, C. *A Fazenda Nacional da lagoa Rodrigo de Freitas*. Rio de Janeiro: Prefeitura da Cidade do Rio de Janeiro, 2015.
BARRETO, L. *Os Bruzundangas*. São Paulo: Brasiliense, 1956.
BOHM, G. M. *Enrico Caruso na América do Sul*. São Paulo: Cultura Editores Associados, 2000.
BOSSLE, O. P. *Henrique Lage e o desenvolvimento sul-catarinense*. Florianópolis: Editora UFSC, 1981.
BRAGA, R. *O conde e o passarinho*. Rio de Janeiro: Record, 1982.
BRANDO, P. *Por que não temos construção naval?* Rio de Janeiro: Pongetti, 1958.
BULCÃO, C. *Os Guinle*. Rio de Janeiro: Intrínseca, 2015.
CALDEIRA, J. *História da riqueza no Brasil*. Rio de janeiro: GMT Editores Ltda., 2017.
CÂMARA, H. *Marechal José Pessoa*. Rio de Janeiro: Biblioteca do Exército, 2011.
CAMARGO, A. *Artes da política*. Rio de Janeiro: Nova Fronteira, 1986.
CAMNER, J. *The Great Opera Stars in Historic Photographs*. Nova York: Dover Publications, 1978.
CARONE, E. *O centro industrial do Rio de Janeiro*. Rio de Janeiro: Cátedra, 1978.

CAVALCANTI, P. *A presidência Wenceslau Braz*. Brasília: Ed. UnB, 1981.
CAYMMI, S. *Dorival Caymmi:* o mar e o tempo. São Paulo: Editora 34, 2001.
CHAVES JR., E. *Memórias e glórias de um teatro*. Rio de Janeiro: Cia. Editora Americana, 1971.
CIANO, E. *La Mia Vida*. Milão: Mondadori, 2001.
CIANO, G. *Diário do conde Ciano*. São Paulo: Cia. Editora Nacional, 1946.
CIMA, M. D. *Celebridades & mitos*. Rio de Janeiro: ABL, 1989.
COLASANTI, M. *Eu sozinha*. São Paulo: Global, 2013.
COLASANTI, M. *Minha guerra alheia*. Rio de Janeiro: Record, 2010.
_____. *Minha tia me contou*. São Paulo: Melhoramentos, 2007.
COSTA, C. *Gávea*. Rio de Janeiro: Departamento de História e Documentação do Estado da Guanabara, [196?].
COSTALLAT, B. *Mistérios do Rio*. Rio de Janeiro: Biblioteca Carioca, 1990.
DARÓZ, C. *O Brasil na Primeira Guerra Mundial*. São Paulo: Contexto, 2016.
FAUSTO, B. *História do Brasil*. São Paulo: Edusp, 1994.
FIGUEIREDO, G. *Cobras & lagartos*. Rio de Janeiro: Nova Fronteira, 1984.
FILHO, M. *Histórias do Flamengo*. Rio de Janeiro: Mauad, 2014.
FLEMING, T. *Pleiteando a reparação de uma injustiça*. Rio de Janeiro: Francisco Alves, 1935.
FLEMING, T. *A Organização Henrique Lage e o Estado*. Rio de Janeiro: [s.e.], 1949.
GAULD, C. A. *The Last Titan:* Percival Farquhar. Stanford: Stanford University, 1964.
HILTON, S. E. *Suástica sobre o Brasil*. Rio de Janeiro: Civilização Brasileira, 1977.
LACERDA, M. D. *História de uma covardia*. Rio de Janeiro: José Olympio, 1980.
LAGE, E. *Ilhas, veredas e buritis*. São Paulo: Brasiliense, 2005.
LAGOS, O. *La passion de un aristócrata*. Buenos Aires: Emecé, 1993.
LIMA, R. B. *Paulo Fortes:* um brasileiro na ópera. Antigo Leblon Ltda.: [s.n.], S/D.
LOSADA, L. *Marcelo T. Alvear*. Buenos Aires: Edhasa, 2016.
MAGALHÃES, J. B. *A evolução militar do Brasil*. Rio de Janeiro: Biblioteca do Exército, 1998.
MAIA, P. A. *Marinha de guerra do Brasil na colônia e no império*. Rio de Janeiro: José Olympio, 1965.
MALAN, A. S. *A missão francesa de instrução junto ao Exército brasileiro*. Rio de Janeiro: Bibliex, 1988.
MARTINS, L. *João do Rio:* uma antologia. Rio de Janeiro: José Olympio, 2005.

MARTINS, L. D. *Presença de Paulo de Frontin*. Rio de Janeiro: Freitas Bastos, 1966.

MARTINS, M. D. O. *Imbituba*. Criciúma: Editora e Gráfica Ribeiro, S/D.

MEIRELLES, D. *1930:* os órfãos da revolução. Rio de Janeiro: Record, 2005.

MELLO FILHO, D. P. D. *Porto de Don Rodrigo*. São Paulo: Scortecci, 2009.

MELLO, J. C. D. *O espólio de Henrique Lage e o sr. Pedro Brando*. Rio de Janeiro: Jornal do Comércio, 1945.

MICHAL, B. *Os enigmas da guerra secreta*. São Paulo: Otto Pierre Editores Ltda., 1973.

MIRANDA, V. *Imbituba:* impressões de uma excursão a Santa Catarina. Rio de Janeiro: Alba Ltda., 1933.

_____. *Quatorze meses na pasta da Marinha*. Rio de Janeiro: Serviço de Documentação Geral da Marinha, 1982.

MORAES NETTO, G.; SILVEIRA, J. *Nitroglicerina pura*. Rio de Janeiro: Record, 1992.

MORAIS, F. *Cem quilos de ouro*. São Paulo: Cia. das Letras, 2003.

MOSELEY, R. *O conde Ciano*: sombra de Mussolini. São Paulo: Globo Livros, 2012.

MUSSOLINI, R. *Mussolini sem máscaras*. Rio de Janeiro: Bloch Editores, 1973.

NEEDELL, J. D. *Belle époque tropical*. São Paulo: Cia das Letras, 1993.

NEU, M. F. R. *Porto de Imbituba*. Tubarão: Editora Unisul, 2003.

NOSSA, L. *Roberto Marinho:* o poder estar no ar. Rio de Janeiro: Nova Fronteira, 2019.

NUNES, E. *A revolta das barcas*. Rio de Janeiro: Garamond, 2000.

PEIXOTO, A. V. D. A. *Getúlio Vargas:* meu pai. Porto Alegre: Globo, 1960.

PRETO, V. D. O. *A Marinha d'outrora*. Rio de Janeiro: Serviço de Documentação Geral da Marinha, 1981.

QUEIROZ, R. *Tantos anos*. São Paulo. Siciliano, 1998.

REBELO, M. *A guerra está em nós*. Rio de Janeiro: Nova Fronteira, 2002.

_____. *A mudança*. Rio de Janeiro: Nova Fronteira, 2002.

_____. *O trapicheiro*. Rio de Janeiro: Nova Fronteira, 2002.

REGO, J. L. D. *Meus verdes anos*. Rio de Janeiro: Ediouro, S/D.

RIO, J. D. *Histórias da gente alegre*. Rio de Janeiro: José Olympio, 1981.

_____. *No tempo do Wenceslau*. Rio de Janeiro: Fundação Biblioteca Nacional, 2015.

ROTHER, L. *Rondon:* uma biografia. Rio de Janeiro: Objetiva, 2019.

RUBINSTEIN, A. *My many years*. Londres: Hamish Hamilton Paperback, 1980.

SANTOS, N. M. *Theatro Municipal do Rio de Janeiro*: um século em cartaz. Rio de Janeiro: Jauá Editora, 2011.
SILVA, H. *Wenceslau Braz*. São Paulo: Grupo de Comunicação Três, 1983.
SILVEIRA, J.; MORAES NETO, G. *Hitler/Stalin*: o pacto maldito. Rio de Janeiro: Record, 1989.
SMITH, W. H. C. *Napoléon III*. Paris: Hachette, 1982.
TERRÉ, R. D. N. *Gabriella Besanzoni*. Burgos: Aldecoa, S.L., 1996.
VARGAS, G. *Diário*. Rio de Janeiro: Siciliano; FGV, 1995.
VELLOSO, M. *Mário Lago:* boemia e política. Rio de Janeiro: FGV, 1997.
WELLES, S. *Dias decisivos*. Rio de Janeiro: O Cruzeiro, 1945.
YAZBECK, I. *O real e Itamar*. Belo Horizonte: Gutemberg, 2011.

Trabalhos acadêmicos

CRUZ, Maria Cecília Velasco. O porto do Rio de Janeiro no século XIX: uma realidade de muitas faces. *Revista Tempo*, Universidade Federal Fluminense, Niterói, n. 8, 1999.
DULCI, Tereza Maria Spyer. Conferências pan-americanas (1889-1928): a questão das identidades. In: ENCONTRO INTERNACIONAL DA ANPHLAC, 8. Vitória, 2008. *Anais [...]*. Vitória: ANPHLAC, 2008.
LEMOS JÚNIOR, Wilson. Nacionalismo e suas vertentes: um estudo sobre a história do canto orfeônico na escola brasileira. In: FÓRUM DE PESQUISA CIENTÍFICA EM ARTE, 8., Curitiba, 2011. *Anais [...]*. Curitiba: EMBAP, 2011.
MELLO, Fernando Fernandes de. *A zona portuária do Rio de Janeiro*: antecedentes e perspectivas. Tese de Mestrado, Instituto de Pesquisa e Planejamento Urbano e Regional, 2003.
RIBEIRO, Carlos Alberto C. *Henrique Lage e a Companhia Nacional de Navegação Costeira*: a história da empresa e sua inserção social (1891-1942). 2007. Tese (Doutorado) – Universidade Federal Fluminense, mai. 2007.
RIBEIRO, Maria Alice Rosa. Primeira Guerra Mundial: impactos sobre a economia e a sociedade brasileiras (1914-1918). *Revista Portuguesa de História*, n. 45, 2019.

Jornais e revistas

A Batalha, A Esquerda, A Federação, A Manhã, A Nação, A Noite, A Notícia (Santa Catarina), *A Razão, Beira-Mar, Correio da Manhã, Correio do Paraná*

Correio Paulistano, Diário Carioca, Diário da Tarde, Diário de Notícias, Diário Nacional, Fon Fon, Gazeta de Notícias, Jornal do Brasil, Jornal do Comércio, Jornal do Recife, O Dia, O Estado (Santa Catarina), *O Fluminense, O Globo, O Imparcial, O Jornal, O Observador Econômico e Financeiro, O Paiz, O Radical, Pequeno Jornal, República, República* (Santa Catarina), *Revista Marítima e Brasileira, Vida Doméstica.*

Depoimentos

Museu da Imagem e do Som do Rio de Janeiro: Bidu Sayão, Paulo Fortes.

Publicações

ACADEMIA MILITAR DAS AGULHAS NEGRAS. *Academia militar:* dois séculos formando oficiais para o Exército (1811-2011). Resende, RJ: Ipsis, 2011

Instituições de pesquisa

Museu da Imagem e do Som (MIS)
Fundação Biblioteca Nacional (FBN)
Instituto Histórico e Geográfico Brasileiro (IHGB)
Biblioteca Pública Municipal Cônego Itamar Luiz da Costa
Museu Ferroviário de Tubarão
Centro de Pesquisa e Documentação de História Contemporânea do Brasil
Biblioteca Cecília Meireles (Instituto Superior de Educação do Rio de Janeiro)

Fontes eletrônicas

BECKER, Laércio. São Cristóvão, o clube cadete. WebArtigos, 25 jan. 2010. Disponível em: <https://www.webartigos.com/artigos/sao-cristovao-o-clube-cadete/83276>. Acesso em: 17 jul. 2019.
CARLOS LACERDA E A INTRANSIGÊNCIA COM NEGOCIATAS. *O que estamos fazendo?*, 30 ago. 2009. Disponível em: <http://oqueestamosfazendo.blogspot.com/2009/08/carlos-lacerda-e-intransigencia-com.html>. Acesso em: 9 ago. 2019.
CENTRO DE PESQUISA E DOCUMENTAÇÃO DE HISTÓRIA CONTEMPORÂNEA DO BRASIL. *Partido Autonomista do Distrito Federal* [verbete].

Disponível em: <http://www.fgv.br/Cpdoc/Acervo/dicionarios/verbete-tematico/partido-autonomista-do-distrito-federal>. Acesso em: 15 jul. 2019.

DINIZ, Lilia. A imprensa que se encantou com o nazismo. *Observatório da Imprensa*, 4 abr. 2013. Disponível em: <http://observatoriodaimprensa.com.br/feitos-desfeitas/a-imprensa-que-se-encantou-com-o-nazismo/>. Acesso em: 20 jul. 2019.

GOMES FILHO, Elísio. As salinas de Cabo Frio. *Cabo Frio News*, 2 out. 2005. Disponível em: <http://www.carneiro.com.br/cabofrio_news/cabofrio_news.php?cod=salinas>. Acesso em: Acesso em: 20 jul. 2019.

INSTITUTO LOTTA DE CULTURA E RECREAÇÃO. *Lotta e o Parque Lage*. Rio de Janeiro, 20 set. 2013. Facebook: InstitutoLotta. Disponível em: <https://www.facebook.com/InstitutoLotta/photos/609937829052768>. Acesso em: Acesso em: 9 ago. 2019.

História do Porto de Antonina. Disponível em: <http://www.portosdoparana.pr.gov.br/modules/conteudo/conteudo.php?conteudo=27>. Acesso em: 26 jul. 2019.

A HISTÓRIA DA AVIAÇÃO BRASILEIRA. *MeioAéreo.com*. Disponível em: <https://meioaereo.com/historia-da-aviacao-brasileira/>. Acesso em: 26 jul. 2019.

OLIVEIRA, Clarisse de. A morte de Clarisse índio do Brasil. *Clarisse de Oliveira*, 31 mar. 2008. Disponível em: <http://clarissedeoliveira.blogspot.com/2008/03/morte-de-clarisse-indio-do-brasil.html>. Acesso em: 7 jul. 2019.

QUEIROZ, Rachel de. Um pouco de nostalgia. *O Estado de S. Paulo*, 24 ago. 2002. Disponível em: <http://www.academia.org.br/artigos/um-pouco-de-nostalgia-0>. Acesso em: 28 jun. 2019.

SUHM-BINDER, Andrea. Gabriella Besanzoni. *Cantabile subito*. Disponível em: <http://www.cantabile-subito.de/Mezzo-Sopranos/Besanzoni__Gabriella/hauptteil_besanzoni__gabriella.html>. Acesso em: 17 jul. 2019.

A transação do Parque Lage. Disponível em: <http://acervo.memorialage.com.br/xmlui/bitstream/handle/123456789/1146/RG-0871.pdf>. Acesso em: Acesso em: 9 ago. 2019.

Índice onomástico

A
A Época (jornal), 31, 42
A Esquerda (jornal), 92, 213
A Federação (jornal), 38, 213
A Imprensa (jornal), 42
A Nação (jornal), 99, 122, 213
A Noite (jornal), 105, 138, 213
A Notícia (jornal), 21-22, 138, 148, 213
A Razão (jornal), 43, 213
A. M. Teixeira & Cia. Ltda., 192
ABC (jornal), 32
Academia Brasileira de Letras (ABL), 48, 105, 133
Academia Militar das Agulhas Negras (AMAN), 12, 156, 209, 224
Acadêmicos do Salgueiro, 49
Ademar de Barros, 169
Adolf Hitler, 120, 136-138
Adriana Besanzoni, 59, 87, 124, 140, 173, 202
Aero Clube, 164
Afonso XIII, 61, 65
Afrânio de Melo Franco, 86
Aida (ópera), 82
Alberto da Bélgica, 51
Alberto Nepomuceno, 82
Alessandro Bosdari, 51
Alexander's Ragtime Band, 106
Alexandre Levi, 82
Alexandrino Alencar, 26, 37
Alfonso Reyes, 87
Alfredo de Almeida Machado, 43
Alfredo Di Giorgio, 60
Alfredo Irarrázaval Zañartu, 81
Ali Khan, 175
Aliança Liberal, 80-81, 83

Álvaro Catão, 57, 59, 174, 178, 180-181, 183, 186-187, 191, 197, 199, 205
Álvaro Dias da Rocha, 87, 89
Álvaro Lage, 87
Alzira Vargas, 47, 134, 150
Amazon River Steam Navigation Company, 141-142
Amor (peça teatral), 133
Ana Amélia de Queiroz, 132-133
Ana Rita de Matos Costa, 15
Ângela (filme), 205
Angela Spadoni, 59, 119
Anísio Teixeira, 93
Anselmo Duarte, 205
Antônio ("Tony"), irmão de Henrique Lage, 23, 25-26, 29, 31, 33, 35, 37-38, 40-41
Antônio Guedes Muniz, 165-166, 168
Antônio Martins Lage & Filhos (empresa), 16
Antônio Martins Lage Filho ("Tonico"), pai de Henrique Lage, 11, 15, 18-23, 25-27, 31, 33, 50, 54, 93, 130-131, 156, 163-164
Antônio Martins Lage, avô de Henrique Lage, 15-16, 18, 26
Antônio Martins Lage, bisavô de Henrique Lage, 14-15, 98
Antônio Minafra, 125
Antônio Tavares Leite, 183
Arduíno Colasanti, 59, 65, 74, 173, 206
Aristides Guilhem, 185
Armando Belardi, 123
Armando Boaventura, 172
Arnaldo Colasanti, 59, 187
Arnaldo Guinle, 131

Arnon de Melo, 92, 206
Arthur Índio do Brasil, 15
Arthur Rocha, 99
Arthur Rubinstein, 62
Arthur Schmidt-Elskop, 132
Artur Bernardes, 65, 71
Assis Chateaubriand, 169
Augusto Cesar Franco, 36
Augusto Frederico Schmidt, 207
Austregésilo de Athayde, 133
Automóvel Clube do Brasil, 127
Avelino de Medeiros, 32
Aymar Marie Jacques (conde de Gestas), 14

B
B.G.S. (Brazilian Great Southern), 47
Baile de máscaras (ópera), 61, 87
Banco de Exportação e Importação (Eximbank), 153
Banco do Brasil, 69, 89-90, 112, 144-145, 148, 177-178, 188, 192, 203-204, 206
Banco Sul do Brasil, 68, 192
Barbeiro de Sevilha (ópera), 121, 126
Benito Mussolini, 74, 87, 119-120, 135-136, 138-140
Benjamim Costallat, 66
Bert V. Smith, 140
Berta Lutz, 105, 115
Bertoldo Klinger, 86
Bianchi (coronel), 140
Bidu Sayão, 119-122, 126-127, 138, 173
Bignani Giuseppi, 57
Botafogo de Futebol e Regatas, 82, 127, 132
Brothers & Comp., 38
Bruno Magnavita, 125
Bureau Veritas, 46

C
Caiçaras (filme), 205
Caixa de Socorros Ita, 91
Camargo Guarnieri, 124 ,127
Camille Saint-Saëns, 9
Campanha Nacional da Aviação (CNA), 169
Campbell & Sons, 144

Campos & Cia., 15
Candido Gaffrée, 55
Cândido Rondon, 139, 163
Caras y Caretas (jornal), 77
Caravana Médica Brasileira, 75
Carlos Alberto C. Ribeiro, 32, 35, 40-41, 50, 79, 88, 90 ,92, 94, 142, 152, 166, 174, 186
Carlos Cruz Lima, 183
Carlos Gomes, 126
Carlos Guinle, 99, 137
Carlos Lacerda, 206-207
Carlos Luís Napoleão Bonaparte, Napoleão III, 14-15
Carlos Pandiá Braconnot, 42
Carmen (ópera), 10, 61, 75, 120
Carmen Miranda, 49, 184
Casa de Savoia, 78, 196
Casa do Estudante do Brasil, 84, 132
Casa Lage, 44
CBD (Confederação Brasileira de Desportos), 50
Cecilia Braconnot, 10-11, 18, 22-23, 26, 35, 41
Centro Artístico Regional, 85
Centro de Cabotagem Argentino, 77
Centro de Preparação de Oficiais da Reserva (CPOR), 163
Centro Político dos Chauffeurs, 74
Cesar Ponce de Leon, 174
Christoph Willibald Gluck, 75
Cia. "Serras" de Navegação e Comércio, 192
Cia. Cerâmica de Imbituba, 193
Cia. de Navegação São João da Barra e Campos, 192
Cia. Industrial Friburguense, 192
Cia. Nacional de Exploração e Óleos Minerais, 192
Cia. Nacional de Imóveis Urbanos, 192
Cividrilho, 205
Clare Hugh, 51
Clarisse Índio do Brasil, 16
Clélia Vaz de Mello Bernardes, 65
Clube de Regatas do Flamengo, *ver* Flamengo

Clube de Regatas São Cristóvão, 132
Colégio Pedro II, 169
Colégio Sion, 131, 193
Comissão de Marinha Mercante, 135
Comissão de Tarifas Marítimas, 113
Comissão Executiva do Plano Siderúrgico Nacional, 149
Comissão Nacional de Siderurgia, 109
Comissão Preparatória do Plano Siderúrgico Nacional, 152
Comitê dos Operários da Companhia Costeira, 74
Como era gostoso o meu francês (filme), 206
Companhia Brasileira Carbonífera de Araranguá, 55, 192
Companhia Cantareira e Viação Fluminense (CCVF), 15
Companhia Carbonífera Rio Grandense, 142
Companhia de Aviação da Arma de Engenharia, 165
Companhia de Mineração e Metalurgia São Paulo-Paraná, 192
Companhia do Gandarella, 70-71, 192
Companhia Docas de Imbituba, 192, 205
Companhia Ferry, 15
Companhia Hidráulica, 178
Companhia Nacional de Construções Civis e Hidráulicas (CIVILHIDRO), 185, 192
Companhia Nacional de Energia Elétrica, 192
Companhia Nacional de Indústrias Minerais, 192
Companhia Nacional de Navegação Aérea (CNNA), 167, 192
Companhia Nacional de Navegação Costeira, 11, 20-23, 26, 28-33, 36, 40-41, 43-45, 47, 49, 52, 56-57, 67-69, 72-75, 77-78, 80, 85, 89-93, 108, 112-114, 131-132, 141, 143, 145, 154,156, 164, 177-178, 185-187, 190, 192, 204
Companhia Nacional Mineração de Carvão do Barro Branco, 56, 192
Companhia Siderúrgica Belgo-Mineira, 70
Companhia Siderúrgica Nacional (CSN), 149
Concertos Culturais Sinfônicos, 120
conde de Labourdonnay, 14
Condor Syndicat, 137, 165, 189
Conrado Niemeyer, 55
Conselho Federal de Comércio Exterior, 135
Conselho Nacional de Minas e Metalurgia, 135
Conselho Nacional do Petróleo, 135
Conselho Técnico de Economia e Finanças, 135
Convenção Operária, 85
Cooperativa de Produção Carbonífera Sul Catarinense, 149
Correio da Manhã (jornal), 99
Correio Militar, 166
Correio Naval, 166
Costeira, *ver* Companhia Nacional de Navegação Costeira
Cresti Giuseppe, 140
Crítica (jornal), 77
Cruzada de Educação, 93
Cruzeiro do Sul, 189

D
D. Pedro II, 16
Darcy Vargas, 120, 134
Delfim Moreira, 56
Deoclécio Soares, 146
Departamento Nacional de Produção Mineral (DNPM), 148
Diário Carioca (jornal), 95, 189, 207
Diário da Noite (jornal), 138
Diário de Notícias (jornal), 120, 124
Diário de Notícias da Bahia (jornal), 138
Divisão Naval em Operações de Guerra (DNOG), 39
Dorival Caymmi, 11, 49
duque de Caxias, *ver* Luís Alves de Lima e Silva

E
E. G. Fontes, 137
Edda Mussolini (esposa de Galeazzo Ciano), 138

Edgard de Magalhães Gomes, 183
Edmundo Luiz Pinto, 86
Edmundo Macedo Soares, 149, 153
Eduardo Chermont de Britto, 183
Eduardo Ferreira, 87
Eduardo Guinle, 99
Edward Crowe, 51
Edwin Moses, 81
El Diario (jornal), 77
Eleonora Massot, 125
Eliane Lage, 19, 22, 96, 101-102, 125, 131, 173-174, 176, 193, 205-206
Eliezer de Carvalho, 197
Emma Carelli, 60
Empresa de Terras e Colonização, 192
Enrico Caruso, 62
Epitácio Pessoa, 44, 70, 81
Ernani Bittencourt Cotrim, 87, 183
Ernani do Amaral Peixoto, 117, 134, 150, 181
Ernesto Besanzoni (irmão de Gabriella Besanzoni), 174, 176, 180, 190, 201
Ernesto Castro, 36
Escola de Aviação Naval, 164
Escola de Cavalaria, 159
Escola de Samba Bandeirantes do Barreto, 130
Escola Militar da Praia Vermelha, 157
Escola Militar do Realengo, 157-159
Escola Militar Especial Saint-Cyr (França), 157
Escola Naval, 161
Escola Politécnica do Rio de Janeiro, 165
Estrada de Ferro Central do Brasil, 30, 34, 54, 94, 149, 161
Estrada de Ferro Teresa Cristina, 55, 111
Eugênio Lage, 183, 186-187
Eurico Gaspar Dutra, 106, 163
Evaristo de Moraes, 84

F
Fábrica de Tecidos Corcovado, 100
Fábrica Maruí, 169, 192
Fábrica Nacional de Motores, 166
Faustino Armando, 61-62
Felicité Clarisse, 14-15
Fernando Collor de Mello, 52, 205-206

Fernando Costa, 146
Fiat, 167
Flamengo, 131-132
Floriano Peixoto, 21
Fluminense Football Club, 84
Ford, 23
Francesco Besanzoni, 59
Francisco Catão (filho de Álvaro Catão), 205
Francisco Franco, 167
Francisco Leonardo Truda, 178
Francisco Pessoa de Queiroz, 81
Franklin D. Roosevelt, 137
Frederico Lage ("Fred"), 23, 26, 35, 37, 41, 140, 145, 177
Fundação O Pão dos Pobres, 75

G
Gabriele D'Annunzio, 61, 66
Gabriella Besanzoni Lage Lillo, 9-10, 12, 23, 38, 57-67, 71-76, 78-79, 81-84, 87, 95-97, 99, 101-107, 109, 113, 119-128, 130-132, 134, 139-140, 143-144, 169, 172-176, 179-180, 182-187, 189-191, 193-203, 205-206, 208
Gabriella Mistral, 105
Gago Coutinho, 165
Galeazzo Ciano, 138-139
Gandalera, 59
Gastão dos Santos Ribeiro, 31, 199
Gazeta de Notícias (jornal), 128, 138
Genolino Amado, 100
George Marshall, 139
George Washington, 159
Georges Bizet, 10
Getúlio Vargas, 47, 50, 80-83, 85-86, 88, 92, 94, 106, 109, 112-114, 125, 127, 134-137, 141-144, 146-149, 151-153, 157, 162, 166, 172, 177, 180-182, 184, 186, 188-189, 191-193, 203
Giacomo Puccini, 124
Gilberto Trompowsky, 104, 106
Gino Marinuzzi, 9
Gioacchino Rossini, 126
Giovana Elba, 200-201
Giulio Cesare Montagna, 139
Giuseppe Bastianelli (médico italiano), 79

Giuseppe Martinelli, 51, 55
Giuseppe Verdi, 61, 82, 87, 126
Grande Companhia Lyrica de Octavio Scotto, 74
Grupo Escolar Henrique Lage, 93
Guerra Civil Espanhola, 167
Guerra de Secessão nos Estados Unidos, 17
Guerra do Paraguai, 16, 117, 160, 163
Guerra do Prata, 17
Guilherme Guinle, 149, 153
Guiomar Novaes, 173

H
Harro Schacht, 155
Harry Brown, 133
Havilland Aircraft Comp., 168
Heitor Villa-Lobos, 82, 105, 115, 120
Helena de Montenegro, 74, 78
Henri Rabaud, 105
Henrique Dodsworth, 84-85
Henry Ford, 40
Hercílio Luz, 57, 111
Herm Stoltz, 197
Hermann Göring, 138-139

I
Iate Clube do Rio de Janeiro, 131
Ilha do Engenho, 51, 169
Imbituba Atlético Clube, 57
Impressões de uma viagem a Santa Catarina (livro), 111
Instituto de Aposentadoria e Pensões dos Marítimos (IAPM), 150
Instituto Nacional do Sal, 135, 146
Instrução Pública, 93
Ipanema (rádio), 138
Irineu Marinho, 207
Irurá de Vianna, 66
Itabira Iron Co., 70, 152
Itália América, 36-37
Italo Balbo, 105
Itamar Franco, 37

J
Jacinto Martinez, 102
João do Prado Maia, 17
João Gomes, 167
João Henrique, 117
João Mendonça de Lima, 143
João Pedro da Veiga Miranda, 44, 55, 111
João Pessoa, 80-81, 157
João Rodrigues Pereira de Almeida, 98
Joaquim Pimenta, 207
Joaquim Silva, 43
Joaquim Xavier da Silveira, 59, 199
Jockey Club Brasileiro, 75, 80, 130, 171
Joel Silveira, 47, 138
John F. Trow, 140
John Tyndale, 98, 204
Jorge (sobrinho de Henrique Lage), 102, 131
Jorge Lage (irmão de Henrique Lage), 23, 25-26, 29-33, 35, 37, 40-41
Jorge V, 28
Jornal do Brasil (jornal), 84
Jornal do Brasil (rádio), 138
José Américo de Almeida, 89-90
José Augusto Bezerra de Medeiros, 83
José Basto Padilha, 132
José de Barros, 32
José Eduardo de Macedo Soares, 189
José Linhares, 197
José Mariano, 101
José Pessoa Cavalcanti de Albuquerque, 156-163, 167, 183
José Ricardo Nunes, 154
José Torres, 124
Josephine Baker, 139
Juan R. Alvello (coronel), 51
Julieta Fonseca, 125
Júlio Prestes, 80, 85
Julio Roca, 105
Julita Perez da Fonseca, 124
Junta Militar Revolucionária, 86
Juscelino Kubitschek, 203-204, 206

K
Karl Mannheim, 207
Karl Ritter, 137
Krupp, 136, 153, 161

L
L'amigo Fritz (ópera), 126

La Nación (jornal), 73, 75, 77
La Prensa (jornal), 78
La Traviata (ópera), 126
Lage & Irmãos, 19, 30, 38, 192, 205
Lage Brothers & Co, 140
Laura (filha adotiva de Gabriella Besanzoni Lage), 176
Legião Condor, 167
Liga Eleitoral Católica, 115
Lilia Catão (filha de Álvaro Catão), 199
Lilian Whitman, 38, 67
Lily Pons, 173
Lima Barreto, 100
Lindolfo Collor, 81, 88, 91
Lira Neto, 134
Livro do Tombo, 203-204
Lloyd Brasileiro, 20, 31-32, 41, 94, 204
Lloyd Industrial Sul Americano, 69, 192
Lloyd Nacional, 29, 50-51, 80, 89-90, 111-113, 141, 144-145, 186, 190, 192, 204
Lloyd Nacional–Frota Penhorada, 91
Lloyd Sul Americano, 69, 86, 192
Lonatti Ginona, 57
Lotta de Macedo Soares, 207
Louis Lafay, 165
Ludovico Ceni, 140
Lufthansa, 137
Luigi Sciutto, 139
Luís Alves de Lima e Silva (duque de Caxias), 160, 163
Luís Carlos Prestes, 85
Luís Filipe de Orléans, 14
Luís Sparano, 136

M
"Meditazione" (música), 66
M. Freire & Cia. Ltda., 192
Macedo Soares, 132
Machado Coelho, 85
Madame Butterfly (ópera), 124, 127
Manfredo Colasanti, 59, 127
Manoel Maia, 99
Manon (ópera), 119
Manuel Lopes Moreira, 102
Manuel Quimper, 61
Marcel Del Carli, 166

Marcela Fantagoni, 200-201
Marcelo T. Alvear, 72-73, 75-77, 87
Marco Antônio, 125
Margie (mãe de Eliane Lage), 102, 131
Maria Cecília Velasco e Cruz, 30
Maria Clara Machado, 205
Maria de Savoia, 87
Maria Paula (sobrinha de Gabriella Besanzoni Lage), 173
Marina Colasanti, 96, 198-201, 206
Mario Hugo Praun, 154
Mário Jorge de Carvalho, 183
Mario Sette, 27
Mario Vasconcelos, 67
Mario Vodret, 99
Martinelli (conglomerado), 40
Massachusetts Institute of Technology (MIT), 23
Matarazzo (conglomerado), 40
Maurício de Lacerda, 164
May Pessoa, 45
Meio-Dia (jornal), 138
Melhoramentos do Brasil, 55
Memórias do cárcere (filme), 206
Michelle Lillo, 198, 201
Mignon (ópera), 63, 175
Minha tia me contou (livro), 96
Missão Francesa no Brasil, 163
Mon coeur s'ouvre à ta voix ("Meu coração se abre a tua voz"), 10
Moniz Bandeira, 136
Mozart Lago, 84
Mundial (rádio), 138

N
Nadyr Figueiredo, 124
Napoleão Bonaparte, 14, 159
Napoleão de Alencastro Guimarães, 90, 112
Napoleão III, *ver* Carlos Luís Napoleão Bonaparte
Nereu Ramos, 191
Norma (ópera), 82

O
O Globo (jornal), 23, 99, 138, 207

O Imparcial (jornal), 70, 80
O Jornal (jornal), 42, 51
O Paiz (jornal), 31, 33, 56
"O que é que a baiana tem?" (música), 49
Octavio Mangabeira, 81, 87
Octavio Rocha Miranda, 131
Oduardo Somigli, 106
Oduvaldo Vianna, 133
Olavo Bilac, 25
Olegário Maciel, 115
Olímpio de Melo, 103
Olímpio Nogueira, 25
Orfeu (ópera), 75, 84, 104, 106
Os Bruzundangas (livro), 100
Os inocentes do Leblon (livro), 100
Os tanques na guerra europeia (livro), 158
Oscar Werneck, 180
Osvaldo Aranha, 86, 89, 106, 136, 178
Oswaldo dos Santos Jacintho, 65, 78, 87, 177, 183
Oswaldo Werneck da Rocha, 174, 182-183
Otto Ernst Meyer, 188

P
P. Talcot, 140
Palestra Itália (atual Sociedade Esportiva Palmeiras), 186
Parque Central de Aviação do Exército, 118
Parque Lage, 12, 58, 95-96, 98, 100-101, 103-105, 107, 121-123, 125, 135, 172, 174-176, 179, 181-182, 197-204, 206-207, 209
Partido Autonomista do Distrito Federal, 115, 143
Partido Comunista do Brasil (PCB), 85
Partido Trabalhista Brasileiro (PTB), 203
Paschoal Carlos Magno, 133
Paul Noel, 163
Paulo de Frontin, 55, 85, 110
Paulo Fortes, 174, 198
Paulo Hasslocher, 66
Paulo Santos Dumont, 131
Pedro Brando, 41, 79, 85-86, 89, 94, 113-114, 141-143, 145, 174, 177-184, 186-187, 191-194, 197

Pedro Ernesto, 115
Pedro Paulo Moreira, 155
"Peguei um Ita no Norte" (música), 11, 49
Percival Farquhar, 70, 152
Pereira Passos, 30, 100
Pietro Favelli, 57
Pietro Mascagni, 126
Plínio Edward, 84
Primeira Guerra Mundial, 24, 26-27, 31, 68, 144, 149, 157, 165, 168, 185
Propagação da Fé, 202
Prudente de Morais, 20

R
Rachel de Queiroz, 48, 50, 89
Rádio Cruzeiro do Sul, 198
Rádio Globo, 198
Ravina (filme), 205
Regina Pacini, 72, 78
Renaud (irmão de Henrique Lage), 23, 26, 31, 35, 37, 40-42, 78, 145
René Vandaele, 166
Revista Militar (revista), 162
Revolta da Armada, 21
Revolta da Vacina, 156
Revolução Constitucionalista de 1932, 112
Revolução de 1930, 157, 165
Revolução Russa, 91
Rigoleto (ópera), 126
Rita Hayworth, 175
Robert Gilbert Vancitart, 51
Roberto di Nobili Terré, 59, 65, 200
Roberto Galeno, 125
Roberto Marinho, 105, 131, 206-207
Rodolfo Bergamini, 88
Rodolfo Ferrari, 60
Rodrigues Alves, 25, 30, 143
Rosalvo Costa Rego, 66
Rossini, *ver* Gioacchino Rossini
Rubem Berta, 188
Ruth de Souza, 205

S
S.A. Gás de Niterói, 192
S/A Estaleiros Guanabara, 51, 192, 205
Sacadura Cabral, 165
Salvador Ruperti, 65-66

Salvatori Roberti, 74
Sansão e Dalila (ópera), 9-10
Santa Casa da Misericórdia, 25
Santiago Dantas, 58
Santo Antônio, 94, 133
Santos Dumont, 166, 170, 173
Sauwen & Cia. Ltda., 192
Scala de Milão, 60, 87, 120
Segunda Guerra Mundial, 12, 39, 117, 137, 194, 196
Serenata tropical (filme), 184
Sergei Rachmaninoff, 62
Sérgio Magalhães, 203
Serviço do Patrimônio Histórico e Artístico Nacional [SPHAN], 204
Siemens-Martin, 150
Sigfrido (ópera), 61
Silas de Oliveira, 155
Sindicato de Combustíveis Nacionais, 110
Sindicato dos Empregados e Operários da Companhia Nacional de Navegação Costeira, 91
Sinhá moça (filme), 205
Sociedade Anônima Companhia Mineração e Metalurgia São Paulo–Paraná, 151
Sociedade Anonyma Gaz de Nitheroy, 69
Sociedade Brasileira de Cabotagem Ltda., 193
Sociedade de Resistência dos Trabalhadores em Trapiche e Café, 33
Société des Avions Caudron, 166
Solange Petit-Renaux, 107
Solano Lopes, 16
Stefan Zweig, 49
Syndicato Carbonífero Catarinense, 55

T
Taça Henrique Lage, 161
Tamoyo (rádio), 138
Tangiori Curtica, 60
Tantos anos (livro), 89
Tasso Fragoso, 86
Terra é sempre terra (filme), 205
The Marine Navigation Company Ltda., 144
Theodor Wille, 197

Thiers Fleming, 26, 29, 41, 88, 114-115, 145, 170, 173-174, 178, 186-187
Toscanini, 121
Trabalhadores do mar (livro), 42

U
União dos Foguistas, 74
União dos Operários Estivadores, 74
United States Steel Corp, 152

V
Vanguarda (jornal), 138
Venceslau Brás, 27, 29, 34, 41, 44
Vera Cruz, 205
Verdi, *ver* Giuseppe Verdi
Victor Molina, 73
Victor Talking Machine Company, 62
Vincenzo Bellini, 82
Violeta Coelho Neto de Freitas, 124-126
Virginius de Lamare, 16
Vitor Emanuel III, 74, 87, 140
Vitor Hugo, 42
Vitor Lage, 183, 187
Vitor Lima Barreto, 205
Vitor Manoel III, 65
Viúva Lage & Filhos, 15-16
Viúva Lage, 15

W
Waco, 168
Walter Mocchi, 60, 64-65, 138
Washington Luís, 80-81, 84, 87, 159
Werneer Sombart, 207

X
Xuxa e o tesouro da Cidade Perdida (filme), 206

Y
YPF (Yacimentos Petrolíferos Fiscales S.A.), 46

Z
Zamora y Araujo, 81
Zózimo Barroso do Amaral, 55

Este livro foi composto na tipografia Palatino LT Std,
em corpo 11/16, e impresso em papel off-white,
no Sistema Cameron da Divisão Gráfica
da Distribuidora Record.